说“了”

王 伟 著

学林出版社

总　序

沈家煊

这一套丛书的缘起，是出于这样的考虑：长期以来，在语言学领域，我们不断学习和借鉴来自国外（主要是西方）的理论和方法，有成效，在某些方面成效还很显著，但是总的来说，还是觉得运用在汉语上不免捉襟见肘、圆凿方枘，至少勉强不自然。启功先生曾有一个比方，说小孩套圈游戏，小圈圈只能套小老鼠，印欧语"葛郎玛"（grammar）是小圈圈，套不了汉语这只大熊猫。这种感觉突出反映在一些有争议的热点问题上。有的曾经是热点，如词类问题、单句复句问题，冷寂了一段时间，但是问题并没有解决，还时时冒出来困扰着我们；有的是国外出了新的理论，用来处理汉语而形成新的争论点，比如句法成分的移位问题，音步和韵律的问题。之所以成为新的争论热点，显然也是因为新搬用的理论用起来不顺畅、不协调的地方很多。有的问题，例如主语和宾语的问题，曾经是热点，后来问题基本解决，取得共识，而新的问题又出来了，如主语和话题继而成为一个不断争论的问题。值得注意的是，主宾语的问题得以基本解决、取得共识，这是摆脱印欧语那种主宾语观念的结果。

国外的理论在不断的翻新，出来一个我们跟进一个，有时候人家已经翻新了，声明放弃原来的理论框架，我们还在吭哧吭哧按照人家那个老框架在思考和行事，有不知所措的感觉。许多人觉得这样下去总不是个事儿，想要改变现状。但也有不少人以重视和彰显语言的“共性”为理由，想维持现状，其实他们所说的“共性”是以人家提出的那一套理论为参照的，却忽略或者无视汉语的个性。共性寓于个性之中，没有语言的个性哪来语言的共性呢？近年来，国际语言学界逐渐形成一个认识，要弄清人类语言的本质，先要充分了解语言的多样性。我的同道朋友朱晓农君说，universals（共性）应该音义兼顾翻译成“有你我式”，你中有我我中有你，不是只有你没有我，对此我十分赞同。据我所知，国外很多学者也不希望我们只是跟着他们走，而是想听到基于本土语言事实提出的新见解，发出的新声音，使他们也能从中得到启发。

一百多年西学东渐，语言学领域学习和借鉴西方的努力一直没有停息，另一方面，摆脱印欧语传统观念的束缚的努力也一直没有停息。我们的前辈早已为我们指明了方向，要进一步摆脱印欧语传统观念的束缚。正如朱德熙先生生前所言，很大一部分的争论问题是由于受这种观念的影响，先入为主，以致看不清汉语语法的本来面目引起的，要是我们能摆脱这种干扰，用朴素的眼光看汉语，有许多争论本来是不会发生的。还说后之视今犹今之视昔，今天可能还在不知不觉中受传统观念的摆布，那就要等后人来纠正了。朱先生给我们留下的学术遗产中，有一个十分重要的观点，汉语的动词做主宾语的时候没有印欧语的那种“名词化”，这是摆脱干扰的一次实践，为我们树立了一个榜样。吕叔湘先生跟朱德熙先生的想法一致，在晚年向我们发出语法研究要“大破特破”的号召，要把“词”“动词”“形容词”“主语”“宾语”等名称暂时抛弃，要敢于触动一些原先不敢动他一动的条条框框。

吕先生和朱先生虽然是针对语法研究而言，为我们指出的方向却是适用于整个汉语的研究。汉语的语法是“大语法”，语言的组织运行之法，包括语音、语义和用法在内，过去按“小语法”来理解汉语的语法，这本身就是受印欧语传统观念的影响。

策划这套丛书的出发点就是响应“摆脱干扰、大破特破”的呼吁。近年来这方面的努力比较显著，有了一些新的进展，有必要做个小结，理清思路，明确方向，继续前进。这套丛书因此也可以叫“破立丛书”，每一册就某个具体的热点问题，先对以往的研究加以梳理和评析，指出破除传统观念、摆脱干扰的必要性，然后摆出新的观点并加以论证，目的是让读者明了问题的来龙去脉、症结所在，活泼思想，减少执着。这个设想有幸得到学林出版社的支持，使得想法得以实现。虽说“破字当头，立在其中”，但要真正立起来，不是件轻而易举的事情，还有艰苦的工作要做，目前书中摆出的新观点、新思想还大有充实完善的必要，甚至有修正取代的可能。

策划这套书还有一个出发点是写法，虽然讨论的是复杂的学术问题，但还是要写得浅显一点，通俗一点，尽量少用难懂的名称术语，篇幅简短一些，一个问题一个小册子，不让一般读者觉得深奥繁复，不得要领，望而生畏。当然要做到这一点实属不易，目前的面目还大有改进的余地。

我们希望这套丛书不仅对专门从事语言研究的人，不管是老将还是刚入门的新手，对广大的语言教师，包括外语和母语的教学，都有一定的启发和帮助，而且希望那些对语言问题感兴趣的朋友，那些在语言工程、信息处理、语言心理、语言哲学、社会语言学等领域的人士也能从中获得一些知识，得到一些启示。

2017 年 12 月 12 日

目录

1 绪 论

"了"毫无疑问是现代汉语中出现频率最高的词之一，也是在任何一部汉语语法著作中都拥有举足轻重地位的一个句法单位。遗憾的是，"了"的研究是一部"伤心史"。从1924年黎锦熙出版《新著国文语法》，开虚词"了"研究之先河以来，近百年弹指一挥间，文献资料汗牛充栋，可是时至今日，"了"的面目竟依然模糊迷离。在一篇关于"了"研究的综述中，有学者不禁感叹："了"的研究仿佛是汉语语法研究里的"哥德巴赫猜想"（宋绍年、李晓琪2000）。

瑞典隆德大学的 Marita Ljungqvist Arin 于2003年完成的博士论文专门研究"了"。她在文中的感慨很能代表在全球"汉语热"中积极研习汉语的外国学子的感受：初学时还以为汉语语法颇为容易，学起来一马平川，谁料遇到"了"之后，立刻换成了险山恶水。"了"时而显身于句中，时而又出没在句尾，对句子到底起什么作用，似乎没有一定；什么时候必须用，什么时候又不能用，又难以把握。查参考书吧，一本书一个说法，仍然不得要领——学“了”之难，差不多是“不可能的任务”（Arin 2003：vii）。在汉语二语习得偏误研究的文献中，无论是外国研习者（房玉清 1980；李大忠 1996；赵立江 1997；余又兰 2000；玄美兰 2004；王景玉 2005），还是少数民族研习者（帕丽达、阿依努尔 2001），几乎异口同声，把“了”看成非母语者在习得汉语之路上一头最难缠的拦路虎。无论是学界还是学子，都迫切需要把“了”搞清楚，研究出一个至少学界能够基本认同、学子较为容易把握的说法来。

“了”的使用可以说横贯了现代汉语语法的各个研究领域，与许多语言现象都有着千丝万缕的联系，想要将这个历史遗留下来的世纪难题，以一本书的篇幅毕其功于一役，解决与“了”相关的各种纷繁复杂的语法问题，未免过于天真。

本书是一个“大模样”的探讨，希望提出一个讨论“了”问题的新的总体思路。我们对“了”觉得棘手，主要是因为各种语法表现纷繁复杂，无法从宏观上有一个整体的把握。这就好比做一件雕塑，如果大模样没有搭好，就在一个个局部作精雕细刻，效果一定不会好。从繁难庞杂的语言现象中梳理出一个较为清晰的格局，这就是本书的追求。如果说以前的研究主要是往深处、细处发掘，是求异的路子，本书则是在此基础上做整体、全局的考量，以求纲举目张、以简驭繁，是求同的路子。

2　理论准备

“了”的研究文献，从研究对象来看，主要分成三块:（1）词尾“了”，一般叫“$了_1$”，读音为轻声/le/，位置紧跟在动词之后；（2）句尾“了”，一般叫“$了_2$”，读音为轻声/le/或者开口度较大的轻声/lou/、/la/，位置在句子末尾；（3）补语“了”，由马希文（1983）提出，在老北京话中读轻声/.lou/，位置也紧跟在动词之后。本书主要解决前面两个，第三个将另外著文做专门的探讨。

“$了_1$”和“$了_2$”的叫法好像已经将“了”分成了两个，本书则强调一个统一的“了”，“$了_1$”是指用在位置 1 的了。“$了_2$”是指用在位置 2 的了，只是为了照顾习惯，仍然用“$了_1$”和“$了_2$”的名称。

传统上“$了_1$”的研究，主要是时间意义的研究，涉及语言学在时间系统方面的理论。

2.1 时制和时体

动词的时间意义主要是两个方面——时制和时体。

2.1.1 时制

简单地说，时制（tense）就是句子讲的是过去、现在，还是未来。这三个时制，都是从一个基准点比较得出的，这个基准点一般就是说出这个句子的时间（说话时间）。

2.1.2 时体

时体（aspect）主要有两个方面——视点体和词汇体。

视点体

视点体（viewpoint aspect）是对动词情状的总体观察。Smith（1991，1997）对此打了一个比方，就好像用摄影机拍摄时对镜头的选取。目前学界主流的认识是，视点体主要有两个，一个是完整体（perfective），另一个是非完整体（imperfective）。我们知道，动词表达的动态情状，往往可以分为起点、续段和终点这几个部分，不同动词的这三个部分的有无和关系不同。完整体是选取一个全景镜头，把这三个部分作为一个整体呈现出来；非完整体则是取的特写镜头，突显情状的内部

说“了”

结构。以英语句子为例：

He cried.

He was crying.

cried 刻画的“哭”，是用全景镜头把情状作为一个整体来呈现的，没有特写“哭”的起点、续段或者终点。cried 是动词 cry 的过去式，表达 cry 发生在“过去”这个时制，也就是说话时间之前。动词的过去式给出了一个“过去”的时间框架，“哭”的情状作为一个整体完整地包含在这个框架之内。这就是“完整体”之所谓“完整”。

was crying 刻画的“哭”，像一个特写镜头，只是选取呈现情状的续段部分，说的是“在哭”，而对起点和终点不做呈现。was 是动词 to be 的过去式，表达 cry 发生在“过去”这个时制，给出一个“过去”的时间框架。因为“哭”的情状只刻画了续段，起点和终点就没有包含在这个框架之内，这就是“非完整体”之所谓“非完整”。

通过 Smith 打的比方，我们可以了解，视点体表现对动词情状的主观观察。比如 was crying 这个例子，“哭”这个动作通常在“过去”时间框架内应该已经结束。也就是说，“曾在哭”通常可以推导出“哭完”。但是 was crying 不呈现终点，只是突显续段，这就是视点体主观性的体现。

视点体主观聚焦的部分，通常是由一种语言的语法形式来表现的。英语是时制突显的语言（Bhat 1999），完整体和非完整体不能脱离时制单独呈现。如果要区分时制和时体，动词过去式表示时制，去掉过去式的动词原形 cry 和进行体 be crying 在形式上构成对立，分别表示完整体和非完整体，这就是英语语法对视点体在形式上的表现。视点体因此也被称为“语法体”。

词汇体

时体的另一个方面是动词以及动词短语①本身的时间特点，在动词层面的是词汇体（lexical aspect, Aktionsart），在短语层面的是情状体（situation aspect）。这两个层次经常不做严格的区分，都被看作是动词或动词短语内部的情状，与视点体总体性的外在观察区分开来，在本书中统称为“词汇体”。Vendler（1967）对动词以及动词短语的情状类型提出了经典的四分法：

① 印欧语语系语言中作谓语的一般只能是动词，其他词作谓语，都要经过变位，完成动词化之后才能作谓语，所以词汇体一般只考虑动词。汉语能够作谓语的不限于动词，比如，可以作谓语的形容词也应该认为有自己的词汇体。

	持续性 durative	动态性 dynamicity	终结性 telicity
状态（state）	+	−	−
活动（activity）	+	+	−
终结（accomplishment）	+	+	+
达成（achievement）	−	+	+

举例来说，动词“写”具有持续性和动态性，但是本身没有终结点，表达的是活动情状，但是短语“写一封信”中“一封信”给动词“写”提供了外在的终结点，短语的情状就变为终结。这表明动词本身与带宾语时的情状类型可以是不同的。终结和达成的区别，主要是达成情状没有持续性，是瞬间的点情状。比如“写一封信”是终结，但是“写完一封信”就是达成，可以说“在写一封信”，但是不能说“在写完一封信”。可见，终结有持续性，而达成没有，“完”是一个瞬间的点情状。状态与其他三类情状都不同的，是没有动态性，此外也没有终结性，即谈不到“完”。汉语的一些形容词也可以作谓语。“山上的树叶红了一大片”中的“红”，如果后面没有“了”（如，“桃红柳绿”），就无法表达动态意义，可见它本身没有动态性；“红”这种状态，一般不会说“红完”，可见它没有终结性，因此说作谓

语的是状态情状。

一般认为，词汇体是词汇—语义范畴，表达动作的客观属性，所有语言都有词汇、语义意义上的词汇体，这是一种语言共性；视点体则是句法范畴，也称“语法体”，表达的是对动作的主观观察，并不是所有语言都有语法形态上的体。

2.2　Reichenbach 的“三个时间”系统

Reichenbach（1947）最早提出用三个时间来界定时制和时体，也就是说话时点 S（speech point）、事件时点 E（event point）和参考时点 R（reference point）。Reichenbach 不特别区分时制和时体，把“完成”也看成是一种时制，所以用“完成时”（perfect tense），而不是“完成体”（perfect aspect）。他引入 R，主要是为了区分英语的完成时与过去时。他用“<”表示时间上的“早于”，“>”表示“晚于”，“=”表示“同时”，以此刻画这种混合时制：

过去时：R<S，E=R，参考时点早于说话时点，事件时点与参考时点同时（“过去”），例如：I cried.

现在完成时：R=S，E<R，参考时点与说话时

点同时（"现在"），事件时点早于参考时点（"完成"），例如：I have cried.

过去完成时：R<S，E<R，参考时点早于说话时点（"过去"），事件时点早于参考时点（"完成"），例如：I had cried.

如果不引入这个参考时点 R，只考虑 E 和 S，英语的完成时与过去时就无法区别开来，因为两者都是 E<S。

汉语没有系统化的形态表达时制，不能像英语那样用时制来给出参考时点，通常句子中明示的时间词应视为参考时点。例如："我现在已经吃了饭了"中的"现在"是参考时点 R，与说话时点 S 重合；"我刚才已经吃了饭了"中"刚才"是参考时点 R，在说话时点 S 之前。两个句子中的事件时点 E 都是"现在"之前。

Reichenbach（1947）的时间表达系统，改变了直接通过事件时点 E 与说话时点 S 之间的先后、同时关系来解释时制这个传统。

2.3　包含/重叠和有界/无界

2.3.1　包含/重叠

学界一直对视点体的传统定义感到不满，认为"视点”（Comrie 1976）、“照相机”（Smith 1991，1997）这样的隐喻性描述含混暧昧，往往导致把词汇体和语法体混为一谈（Binnick 1991：109；Klein 1994：27）①。与时范畴清晰的时间结构相比较，体范畴显得太不精确了。Binnick（1991：458）提出：应在 Reichenbach（1947）三元时间结构的基础上，用 E 和 R 的关系来清晰表现语法体的时间结构。他认为语法体是通过 E 和 R 的包含关系（而不像时范畴那样的前后、同时关系）来表现的。这样，语法体的刻画就可以和时制区分开来，而不是像 Reichenbach 那样把时制和时体混在一起。

Binnick（1991：458）把 R 看作一个框架，完整体是 E 被包含在 R 的框架中；非完整体②是 E 和 R 有重叠，而完成体则是 E 在 R 先。这样来定义语法体，就不会和动词的词汇体混淆了。

这一派影响比较大的是 Klein（1992，1994）。他的时间表达系统中，三个时间分别称为情状时间 TSit（situation time）、主题时间 TT（topic time）和说话时间

---

① 这种混淆现象在我国的方言学界似乎也不罕见，经常可以看到关于某种方言的“体貌”描述涉及数量可观的“体”类型，原因之一就是没有严格区分词汇体和语法体，对语法范畴的描述混入了很多属于动词词义的内容。

② Binnick（1991：458）称 perfective 为 complexive。

TU（utterance time），分别对应 Reichenbach 系统的 E、R 和 S。相对于 R，Klein 的"主题时间"对"参考"的意义做出了更加明确的界定，指的是说出的句子把哪个时间作为主题，说话人就哪个时间断言（assert）句子命题的真假。例如，"我们昨天开学了"中，说话人是在"昨天"这个时间框架内承诺"我们开学了"这个命题为真，所以"昨天"是主题时间 TT，而"开学"发生的情状时间 Tsit 处于主题时间"昨天"这个时间框架之内。这里要注意的是，Reichenbach 系统中三个时间都是"时点"，而 Klein 的三个都是"时间"，也就是不都看作时点。这是很有道理的，比如人们对事件情状所处时间的认识，往往根据动词表达的情状特点而有所不同，可以是时点，比如瞬间动词"死"，也可以是时段，比如活动动词"跑"。

Klein（1994）主张，用主题时间和说话时间的关系来刻画时制，用主题时间和情状时间的关系来刻画时体中的视点体，分而治之。因为 Klein 的三个时间要考虑时段，所以他不用"="表示同时，而是用"⊃"表示真包含，"⊆"表示包含于，"o"表示重叠：

时制：

TT<TU（过去时）：主题时间早于说话时间

TT⊃TU（现在时）：主题时间包含说话时间

TT>TU（将来时）：主题时间晚于说话时间

视点体：

TSit⊆TT（完整体）：情状时间包含于主题时间之内①

TT o Tsit（非完整体）：主题时间与情状时间重叠

对“重叠”这个提法，可能会产生一种误解，就是认为它承认非完整体是一个有限的时段。比如：He was writing a letter yesterday，如果按照常理来理解，“在写信”不可能在昨天二十四小时内都发生，只能认为在昨天的某个时间段发生，这就是主题时间“昨天”与情状时间“写信”有“重叠”关系的意思。但是，这样岂不是仍然可以认为“在写信”也是包含在“昨天”之内的？这就无法把它和完整体清楚地区分开来了。可见，“包含”和“重叠”之间的对立关系不够明晰，要清晰刻画两个视点体的不同，需要回到两者的根本性差异上。

---

① 这里的“包含”包括了“完全包含”和“部分包含”两种情况，Klein（1994）认为部分包含就可以，学界一般认为“完整体”应该是完全包含。我们认同后者。

说“了”

2.3.2 有界/无界

为什么完整体情状可以被认为包含于主题时间之内？Arin（2003：10）在 Zhang（1995）对情状有界性的论述基础上指出：完整体情状就是指情状至少有一个边界（即起点、终点或者两者同时），正是因为有边界，才能被包含于参考时间框架之内。未完整体情状就是指情状在认知上没有任何边界，或者其边界不被聚焦，所以范围最大，因此在认知上无法被包含于任何时间框架之内。可见，“包含”与否，取决于是否“有界”。完整体和非完整体的对立，本质上是有界事件和无界事件的对立，而这正是语法体隐喻性定义的本质（Bybee, et al. 1994；Li and Thompson 1981）。

继续分析上面“昨天在写信”那个例子。视点体是对客观情状的主观聚焦，按照常理，“在写信”这个情状应该有起点和终点，但是进行体只主观聚焦“进行”的部分，起点和终点不在镜头之内，也就是说，进行体实际上有持续性，但不是一个有限的时段，而是无始无终的存在。无始无终的存在是不能被任何框架包含的，它类似于数学中的“无穷大”，长度无限，反而可以把任何框架包含在内，也就是说，非但不是“昨天”包含“在写信”，而是相反，甚至可以说“在写信”包含“昨天”，因为无限包含有限。

按照这个思路，Arin（2003）主张用“包含”与“被包含”的对立来刻画视点体的完整与非完整①：

Tsit⊂TT（完整体）：情状时间包含于主题时间之内

TT⊂TSit（非完整体）：主题时间包含于情状时间之内

不过，要让人认识到非完整体作为无限时段的性质，未免违反常理性认识。也许可以从无界事件的“均质性”（homogeneity）来理解。如果在一个时间框架内观察一个情状，在任何时刻观察到的都是同样的片段，那么这就是一个非完整情状。就上面的例子来说，在主题时间“昨天”这个框架内，对于“在写信”这个情状存续的整个过程，选取任何时刻去观察，看到的都是相同的片段（虽然每个片段中信写到什么程度是不同的，但这个细节是被忽略的）。与此相对，完整体情状是有边界的，所以在不同的时刻观察，会看到不同的片段，可能是起点、续断或者终点。这个刻画比较直观，

① 她用 incl 这个符号来表示 to be included in（包含于）这个意义。

不必强求形式化表述，就有足够的操作性，因为已经深入到视点体时间意义的细节，不再是笼统的隐喻性描述，可以作为完整体“包含”刻画的补充。

完成体不是视点体的核心类型，但其时间结构同样是用 Tsit 与 TT 的关系来界定的：

TSit<TT（完成体）：情状时间在主题时间之前（已发生情状与主题时间的状态有关联）

I have written a letter 中，TT 是现在，等于说话时间，“写一封信”这个事件的 TSit，是在 TT 之前。当然，可以进一步讨论完成体是完整体还是非完整体，这需要具体问题具体分析，我们会在后文分析具体例句时再展开。

需要注意的是，研究时体的文献存在完整体和完成体混为一谈的情况（Comrie 1976）。其中一个原因是术语使用的问题，在英语文献中，perfective 经常被用作 perfect 的形容词（Quirk，et al. 1985）。另一个是历史问题，拉丁语中的 perfect 既可以表示完成体，又可以表示希腊语中的过去完整体（aorist①），牵扯不清。术语混

① 又译“不定过去时”（克里斯特尔 2000：22）。

淆也是中文文献中的现象，因为 perfective 经常被翻译成“完成体”，尤其是在俄语学界，已经是通行译名。而在教学语法领域，英语中的 present perfect 一般在课堂上被叫作“现在完成时”，而不是“现在完成体”。这些都是需要梳理清楚的地方。

一个句子的时间意义是动词的时制、动词的视点体以及动词（或动词短语）的词汇体等各方面共同作用的结果。汉语没有专门表达时制的系统化的语法化成分，而是在语义和语用的层面表达过去、现在和将来。比如“我昨天写一封信”这个句子中，是时间词“昨天”，而不是像英语中动词的过去式形态（如 write 的过去式 wrote），来表示“过去”这个时制。如果是“我昨天写了一封信”，一般也默认为是讲的过去，但是这个“过去”，不是语法上的时制，除非认定“了”就是过去式（即“写了”之于“写”，等同于 wrote 之于 write）。这个时间意义是如何得出的，就需要研究“了”在句子中的作用了。

3 简单的回顾：“$了_1$”

“$了_1$”的句法语义定位始于黎锦熙的《新著国语文法》（1924/1998），近百年来，一直是学界研究的热点。总的来说，在句法语义上，“$了_1$”主要有六种①定位：（1）完成（体），（2）实现（体），（3）完整体，（4）过去时，（5）现实体，（6）多功能时体。

3.1 完成（体）

3.1.1 五大家

汉语学界对“$了_1$”最早的定位是“完成”。黎锦熙（1924/1998：109）区分“$了_1$”和“$了_2$”，称“$了_1$”为“后附助动词”，表示动作的完成，是“国语中动词的 perfect”。对动词时间意义的表达，当时学界还缺乏精细的分析，没有形成今天这样较为系统

① 对各派研究的简单回顾较多参考了陈振宇（2007）的梳理。

的时制时体理论。黎锦熙所说的 perfect，可能是把"动词+了"看作英语动词变位系统中的完成式。比如，英语动词原形 do 的过去式是 did，完成式是 done，"动词+了"就是 done。不过，黎锦熙所举的例句分别表示过去、现在和未来的"完成"，这至少表明他知道，"动词+了"与动词过去式 did 所表示的时制有所不同，可以说对时体范畴已经有了基本的认识。

吕叔湘（1942/1982）称"了$_1$"表"既事相"。"既事"其实就是"完成"比较文言的说法；"相"全称"动相"，指"一个动作的过程中的各种阶段"（2002/1942：228）。"既事相"同时见于"了$_1$"与"了$_2$"，但是"了$_1$"是单纯表既事相的。吕叔湘（1980）坚持了"完成"的定位。

王力（1943—1944/1985）提出"了$_1$"是"词尾"，表"完成貌"。这个"貌"王力（王了一 1957：96）给出的全称为"情貌"，"虽然表示一种时间观念，却不是表示过去现在或将来"。"了"的完成貌与"着"表达的"进行貌"与"来着"表达的"近过去貌"并列，表示"事情终结时的情态"。吕叔湘的"动相"与王力的"情貌"基本就是英语的时体。

高名凯（1948/1986）对"了$_1$"和"了$_2$"未加区

分，认为“了”总体上表现“完成体”（accomplished）或“完全体”（perfect），似乎分别与“$了_1$”和“$了_2$”暗合，但他主要使用“完成体”的说法。虽然他用的术语译名也是“完成”，但 accomplished 的表述似乎主要还是用词汇语义来界定，还不是严格意义上的时体类型。

这一派比较重要的学者还有赵元任（Chao 1968），他的 completed action（完成的动作）说的应该也是词汇语义层面上的“完成”，而不是具体的时体类型。吕叔湘 1979 年的节译本作“完成态”，增加的这个“态”原文中并没有，可以说某种程度上表达了译者自身的认识。至于这个“态”究竟是不是吕叔湘的“动相”，还是有别的定位，还可以细究。

这五大家大概分成两类，黎吕王高都在某种程度上认为“$了_1$”表时体意义，赵元任是从词汇语义来定位。对于“完成”的意义，各家的表述和示例差不多，都是讲的“完结、终结”，尤其王力，做了明确的释义。由于这五大家的学术地位，直到 20 世纪 80 年代末，“完成（体）论”在学界依然是绝对的主流。

3.1.2　问题所在

这种定位的问题，学界很快也认识到了。主要是对于没有终结点的谓词①来说，后面的“$了_1$”还能不能分析为“完成”？

山上的树叶红了一大片。

村里死了好几头牛。

我养了一条鱼。

这些例子中的“$了_1$”所依附的谓词“红”“死”“养”本身没有终结点，如果认为“$了_1$”表“事情终结时的情态”，那么“红了”“死了”“养了”都必须理解为谓词表达的情状不再继续，但这显然讲不通，因为“红了”“死了”“养了”的意思，是说“红”“死”“养”在说话时候仍然处于存续状态，并没有“终结”。

对此，林裕文（1959）在解释“会开了三天了”这类例子时指出：“这儿所谓‘完成’，不是指整个活动的结束，而是指动作在某个时间告一段落。”这其实是对“完成”做了重新界定，把“终结”解释为“停止”。这就和五大家“完成”的提法有了明显的不同。随之而

① 宽泛地指汉语中所有作谓语核心的词，汉语谓语的类型不限于动词，谓词还包括名词（如，“小王黄头发”中的核心“头发”）、形容词（如，“大家好才是真的好”中的第一个“好”）等。

来的问题是，没有“终结”内涵的“完成”，还算是“完成”吗？

3.1.3 完成实现

后来学界也认识到上述问题，采取的对策是把上述谓词后面的“了$_1$”定位为“实现”，与“完成”并举，是一种“完成实现”的定位。朱德熙（1982：68—69）对“了$_1$”的定位就是并举两个方面，先说：“动词后缀‘了’的作用在于表示动作的完成。”后面又补充：形容词后面加“了”，“表示已经实现了的事。”刘月华等（1983）也说，“当说话者意在说明动作或行为在某一时刻已实现或完成时，就在表示这个动作行为的动词后用‘了’。”在20世纪80年代，甚至今天，“完成实现”并举的定位仍是很多语法书和研究论文的提法。这显然是一种折衷妥协的办法，但至少比单纯的“完成”定位更全面、更有解释力。

3.2 实现（体）

3.2.1 刘勋宁

“完成实现”并举的妥协并不能令学界满意。如果两者之间，有一个是主要的，另一个次要的则可以从中推导出来，那定位就更为简洁精准了。由于单纯“完成"定位已经证明不能很好地覆盖"了$_1$"所有的分布，学界自然开始探索能不能以统一的"实现"定位来统摄。这些研究中，刘月华（1988）似乎更早一些就提出了单一"实现"定位。她举的例子是"这个会开了三天，再有两天就闭幕了。"她分析说："'开'这个动作显然还没有完成，但该动作已经实现则是确定无疑的。"可见，她对"完成"的理解还是五大家的思路，不是林裕文（1959）的"修订版"。在她看来，没有"终结"内涵的"完成"，其实就是"实现"。

"实现"定位最主要的代表是刘勋宁（1988）。他认为汉语中表"完成"的是"完"字，不是词尾"了"，并把两者进行比较，发现很多"了$_1$"句不能把"了$_1$"替换为"完"①：

大了一寸　*已经大完了（形容词）

红了脸说　*红完脸说（形容词被有些学者看作动词）

小李放平了桌子。　放完了　*平完了（"动词—形容词"式述补结构）

---

① 这里把刘勋宁（1988）中所举例子的每一个小类都取了一句，以简明展现全局。

他哭红了眼睛。　?哭完了①＊红完了（同上）

有了媳妇忘了娘　＊忘完（表存在）

我怎么会相信了他的鬼话？　＊相信完（表心理状态）

糊了好大一块　＊糊完（赵元任所说"状态动词"）

门口坐了许多人。　＊坐完（存现句）

他俩说着说着就打了起来，拦也拦不住。＊打完（后接趋向补语）

他据此认为：以上例句中的"了$_1$"不是表示动作行为的结束，而是"某种状态的产生和存在"。"了"不表"完成"，而表"实现"，是实现体标记。

为了廓清"实现"与"完成"的关系，他"分两头"做了分析："一头是从概念关系上讲，'实现'与'完成'所指范围是交叉的。'实现'是就动作是否成为事实而言，'完成'是就动作的过程是否结束而言。过程的结束可以是一个事实，但是，是事实的却不一定是过程的结束。"可见，与刘月华（1988）一样，刘勋

① 这一类述补结构，动词所表动作是否结束不确定，问号不表示"可接受度不高"，表示"该解读不必然"。

宁也不认同林裕文（1959）对“完成”的重新解释，坚持认为如果不表示“终结”就不是“完成”，而是“实现”。“完成”必然“实现”，“实现”未必结束，所以未必“完成”，逻辑上“完成”是“实现”的一个小类，是后者所包含的子集。

他又说：“……另一头要从表达（语用）的角度来说。‘了’多用于叙述句［王力先生（王了一 1982①）曾把它看作叙述词的标记］。叙述句的功能在于叙事，而叙事多是回顾性的。这就自然使得所提及的动作多在时间上成为过去，在状态上常常已经完成。”这实际上指出，“过去”和“完成”的意义，是叙述句中“了”的实现义的语用推导，并不是“了”本身的语义。

3.2.2 对刘勋宁的批评及反批评

刘勋宁（1988）的实现体定位在学界产生很大影响，也引起了一些批评。

王还（1990）反对刘文把表“结束”的“完”与“完成”等同，因为并非所有的动作性动词都谈得上“完”：某些非动作性动词（如：知道、了解）和形容词（如：红、热）若表示变化，就成了动作性动词，还有非持续性动作动词（如：关、睁），都谈不上“完”。但

① 为王了一（1957）的重印版。

是，这些动词都有“完成”的问题。也就是说，“完”的内涵比“完成”要窄一些，因此可以包含在“完成”之中。她相信，“实现”和“完成”是一致的，只是要注意区分状态和动作。

金立鑫（1998）也批评说，“完成”是语法意义，“完”是词汇意义，二者根本不在一个层次上，不具有任何可比性。比如，“大了一寸”中的形容词“大”当作动词来用，表示状态的变化，由一种状态变成另一种状态，这里的“了$_1$”表示的是“变成为”。“大了”指“已经大”。也就是说，可以从“已经”的角度来理解“了$_1$”的完成。

王、金的批评似乎是说，刘勋宁用“实现”取代“完成”只是一个术语的问题，没有改变问题的实质。然而，这真的只是一个术语问题吗?

首先，形容词作谓语时，是不是有一个“动词化”的问题? 比较“红”和“红了”，“红”单说只能表静态，没有动态意义，“红了”表变化，可见动态是整个“红了”的意思，是“了”激活的。按照刘勋宁对“了$_1$”的定位，表示“某种状态的产生和存在”，那么“红”就是这种状态，合起来就是“红”这种状态的产生和存在，“红”仍然是形容词，没有必要认为发生了“动词化”。

其次，王还认为"完"表"结束"，可以包含在"完成"的意义之中，也就是承认了"完成"也表"结束"，但不仅仅表"结束"。"完成"的词典定义是"按照预期的目的结束；做成"，基本上一个意思对应于"完"（结束），一个意思对应于"成"（实现）。王还说的"结束"以外的意义大概就是"做成"。但是既然"完成"也表"结束"，刘勋宁所举的例子又确实谈不到"结束"，那么它们怎么又谈得上"完成"呢？以"红了脸说"为例，王还其实是只针对"红了"的动态义来谈"完成"，也就是从"不红"到"红"这个变化过程是可以说"完成"的。但是，她没有意识到，脸在这个过程之后所处于的"红"的状态，是不能说"完成"的，因为这个状态在说话时还存在，没有结束。

刘勋宁对"了$_1$"的定位是"某种状态的产生和存在"，王还只讲了"产生"（动态），不管"存在"（状态）。金立鑫用"已经"来理解"完成"（词典意义为"表示动作、变化完成或达到某种程度"），但实际上"已经"既可以表"完成"，也可以表"实现"（即"达到某种程度"）。当他说"大了"指"已经大"的时候，并没有突出"结束"义，完全可以认为他是在"实现"的意义上使用"已经"。如果要强调"结束"，则与王还"红了"的例子一样，只能说动作结束，不能说状态结束。

王还说“实现”和“完成”是一致的，其实刘勋宁的观点已经表达了这一点，即“完成”是包含于“实现”的子集，当然有一致的一面（“白马”也是“马”）。她还指出，“$了_1$”的依附对象是两大类，即状态和动作，“$了_1$”与前者搭配往往意味着状态的开始，与后者搭配往往意味着动作的结束，所以前者更适合“实现说”，后者更适合“完成说”，但两者如何统一还是个问题。这其实就是“完成实现”折衷说的观点。这说明，她没有意识到“完成”和“实现”的包含与被包含关系，逻辑上保证了两者统一于“实现”，也就是“完成”是一种特殊的“实现”，或者说，一种更高程度的实现（到了“结束”的程度）。

以上只是学界对刘勋宁（1988）的一项批评。还有一项，金立鑫（2002）对以往的“实现论”（也就是刘勋宁的）提出了一个严峻的挑战：“着”“过”所表现的体也蕴含了“实现”。陈国华（2013：31）用 perfective 来指汉语中的“已然态”，表示事情或事态已经如此或已经出现变化，有多个次范畴，包括“-了①、-着（呢）、在+谓词、-过、-的”，其否定式都是“没+

① 这里的“-了”涵盖“$了_1$”和“$了_2$”。

谓词”。也就是说，“没”不仅表示对“完成”或“过去”意义的否定，还可以表示对“保持”或“持续”意义的否定。已然态范畴都表示某种已然事态或状态，这种已然义是完成态这个术语无法涵盖的。换言之，不仅“了$_1$”表“实现”（“已然”），上述已然态的各个次范畴，也都表“实现”。这样的话，只说“了$_1$”是实现体，会不会定位失当，无法把“了$_1$”与其他表“已然”的次范畴区别开来？这个问题相当重要，它不仅涉及“了$_1$”，也涉及“了$_2$”，我们将在后文展开讨论。

刘勋宁（1988）的贡献之一是指出“了$_1$”本身不表“结束”，因为“结束”只能表达状态产生这个动态过程，但不能表达状态存在这个静态。这个发现，显然并不仅仅是一个术语问题，而是准确定位“了$_1$”的实质性关键。因此，这篇文献在“了$_1$”研究史上具有里程碑意义，初步摆脱了对印欧语语法“完成体”的比附，引导学界朝着精密分析的方向迈进。

3.3 完整体

3.3.1 戴耀晶

这一派的主要代表是戴耀晶（1997）。这种观点主要是来自印欧语言时体研究中的“完整体”范畴（详见“理论准备”中的介绍）。戴耀晶（1997）应该是汉语学界第一部系统论述现代汉语时体系统的专著（陈振宇 2007：346），书中接受 Comrie（1976）的系统，把“完整体”与“非完整体”的对立作为所有汉语时体意义的第一项加以区分。他认为“$了_1$”是“现实体”①，是完整体的一种，表达现实的完整事件，包括追忆的现实和拟想的现实。“$了_1$”主要有三个语义内容：

（1）动态性：也就是异质性（heterogeneity）的变化，对立于均质性的静态。（2）完整性：“$了_1$”前的动词表达的事件多是一个整体，不能分解开来讨论，这方面主要是和表非完整意义的“着”来对比。（3）现实性：事件具有已然性质，也就是相对于某个参考时间，句子表达的事件是已经实现了的。

这一派在海外学界的代表是 Smith（1991，1997），直到目前为止，海外主流的语言学英文文献，大都认为汉语的“$了_1$”是“完整体”标记。

3.3.2 面临的困难

这一派面临的困难，有几个方面：

---

① 后来又在戴耀晶（2004）中改称为“完成体”，但仍然认为是一种完整体。

A. "完整体悖论"

戴浩一（Tai 1984）指出，汉语的终结类情状动词短语在"了$_1$"句中不一定表示完成：

我昨天写了一封信，但是没有写完。

对比英语句子 I wrote a letter yesterday but did not finish it 是不成立的，因为 wrote a letter 只能表达"写完了一封信"。Smith（1991，1997）认为，这里的"了$_1$"表"中止"（terminate），也就是没有完成就停下来。这不仅意味着汉语没有真正意义上的终结类情状动词短语（"写一封信"的表现跟"写"没有根本区别，仍然是活动类情状），也提出一个问题，即这样还能认为"了$_1$"表完整体吗？戴耀晶（2004：44—45）认为，"了$_1$"表达的是"事件某一部分的完整性"。这等于说，"完整体"表达的是不完整的"完整"，逻辑上是有问题的。林璋（2004）则认为，完整体的实质是有界性（我们在"理论准备"中也持这种观点），信写出来的那部分，仍然是有界的。从这个意义上来说，整个事件还是完整的。海外研究文献把这种不完整的"完整"称为 non-culminating，指出印地语等语言中也有类似现象，但一般仍然认为属于完整体。

B. 状态类谓词

“红了脸说”中的“红”是状态，“了$_1$”表示状态变化，这样的情况能不能认为是完整体呢？Comrie（1976）说，静态动词的完整体形式可以表达“起始体”（ingressive），举的例子就是汉语的“他高”和“他高了”。按照“完整体的实质是有界性”的思路，这时候的“了”赋予了“红”起点实现的意义，也就是有了界限，所以也是完整体，从“不红”到“红”的变化是完整的。但是这里还有一个问题，“红了”不仅表达动态义，也表达动态实现之后“红”的状态，这个状态在说话时还是一个事实，能认为这个状态义也是完整体吗？这显然不能。有些学者认为状态类谓词作谓语相对比例不高，可以认为是边缘的非典型情况。

C. 叠加态问题

“了$_1$”表非完整体的情况，远比我们以为的普遍得多。我们来看一个典型的活动类谓词的例句：

我写了一封信。

赵世开、沈家煊（1984）的研究指出，汉语的“了$_1$”句不仅对应于英语的一般过去时，也对应着现在完成体。这个例句当然可以翻译为 I wrote a letter，但也可以翻译为I have written a letter。前者分析为完整体，当然没有问题，表示被包含在"过去"这个时间框架内的完整事件。但后者是表"现在"，指的是wrote a letter这个过去的动作发生以后在说话时间（主题时间）所处的状态。这个状态本身不能说是完整的，因为"现在"作为一个时间框架，没有办法把这个状态包括在内。一旦进入这个状态，它本身是无界的。虽然可以认为它有一个起点（也就是wrote a letter所述事件结束的时刻），但是因为现在完成体的主题时间是现在，在这个框架内，这个事件后状态是无界的，因为事件结束的时刻在过去，不能认为是"现在"时间框架的一部分。如此看来，即使是典型的活动类情状，也有完整体定位所无法覆盖的情形，这就无法认为是边缘的非典型情况，而是主要的情况。这样看来，"写了一封信"中的"写了"有一种二象性：在过去时间框架内表现出完整的动态情状；在现在时间框架内则表现出非完整的静态情状。时间指示确定之前，"写了"没有确定的时体意义，就像量子物理学中说的"薛定谔的猫"，是一种叠加态。仅仅用"完整体"是无法刻画这种叠加态的。

由此看来，铁板一块的"了$_1$"的完整体定位是不成立的。

3.4 （相对）过去时

苏联汉学家龙果夫和雅洪托夫在对王力（王了一 1957）的注评以及雅洪托夫附在书末的评论文章中，都提出“了”不仅表时体（“情貌”），而且也表时制。就是说，“了”是兼有两者的混合范畴。这种主张主要批评了认为“了”可以用于将来时的观点。雅洪托夫（1959）指出，“他明天走了，我再告诉你”① 中的“了”仍然表过去时，只是不是绝对过去时（先于说话时间），而是相对过去时（先于主句中“告诉”这一事件发生的时间）。另一方面，以上例子中“$了_1$”出现的位置不是主要动词（“告诉”）之后。而汉语中表将来的句子中，主要动词后面“$了_1$”的出现很受限制，比如不能说“明天他开了学”等。认为汉语中“了”是时制一时体混合成分的还有张秀（1957）、张济卿（1996）、李铁根（1999）等。

陈振宇（2007）认为，“$了_1$”本身是单纯的过去时

---

① 雅洪托夫没有严格区分“$了_1$”和“$了_2$”来谈相对过去时问题，这个例子中的“了”一般认为是“$了_2$”，但是如果把例句换成典型的“$了_1$”句“我吃了饭就走”，他的论证仍然有效。

标记，通常所说的“了”的时体意义，都是“了$_1$”句各方面因素推理的产物。

林若望（2017）也相信“了$_1$”是一个相对过去时标记，一切“了$_1$”句都是主题时间先于参考时间 t_0。但是另一方面他又承认，“我养了一条鱼”“墙上挂了一幅画”这样的句子表达的是状态意义，并且母语者都知道句子讲的是现在的情况，而不是过去。

曹道根、许凌春（2017，2019）已经较为充分地论证了汉语是没有时制的语言——没有绝对时制，也没有相对时制，因为相对时制是在绝对时制的基础上才能存在的。所以，对于认为“了$_1$”表（相对）过去时的观点，最好还是理解为“了$_1$”表达的是在语义上，而不是语法上的“过去”。

实际上，上述“（相对）过去时”派学者，都承认“了$_1$”表“非将来”的时间意义。问题是，“非将来”包括过去和现在两种可能。这些学者之所以认为“了$_1$”本身表（相对）过去时，是因为认为“了$_1$”本身不表现在，但事实果真如此吗？

我们来看“了$_1$”存现句的例子。这类句子在句子层面讲的是现在的状态，例如：

墙上挂了一幅画。

这句话讲的是，说话的时候墙上处在挂有一幅画的状态，句子没有直接讲墙上过去曾经发生过什么动作，因为如果说：

我看见墙上挂了一幅画。

看见的肯定不是往墙上挂画这个动作，而是墙上挂有画这个状态①。

由于“（相对）过去时”派学者认为“$了_1$”总是表过去，那么他们必须主张“$了_1$”存现句表现的这个意义，是句子层面的意义，是可以从表过去的“$了_1$”与其他因素的互动中推导出来的。这其中的基本逻辑是，之所以“挂了”可以表达说话时的状态，是因为这个状态是“挂了”这个已经实现的动作的结果，先有“挂了”这个动作的实现，后有说话时“挂有”这个状态，两者是因果关系，可以从因推出果。但是，“挂了”这个动作发生在过去，“挂有”这个状态是在现在，过去的动作导致现在的状态，这只是一种或然性，不是一种必然性，完全有可能中间因为发生其他的状况，导致

① 沈家煊先生提供了《儒林外史》中的例句：管家看见中间悬着一幅破稀的古画，两边贴了许多的头方。此例“悬着”与“贴了”对称，都指的是存在的状态。

状态发生变化，比如可以说：

那时墙上挂了一幅画，现在已经不见了。

那么，如果"挂有"的状态义是"挂了"动态义的语用推导，这种推导义肯定是可以取消的。但是，这是做不到的：

***墙上挂了一幅画，但墙上没有画。**

"那时"例句，是笔者与陈振宇私下讨论时，他提供的自拟例句。他认为"了$_1$"本身表达的是过去的动作，在过去发生的是"挂"这个动作，这个动作实际上表"起始"，大致是指进入一种状态，一旦这个"起始"实现，就进入了"挂"所表达的状态（他称之为"持续"）。所以，"了$_1$"的状态义可以从"起始"义在语用上推出来。他举这个例子，就是为了说明"挂了"的状态义是一种语用义，因此可以通过加后句取消。

但是需要指出的是，这个取消只说明过去的状态未必能保留到现在，但是不能说明在"那时"这个过去时间的"挂有"状态是可以取消的。"那时墙上挂了一幅画”中主题时间是“那时”，“了$_1$”句承诺的是在这个时间墙上存在着“挂有一幅画”的状态，它并不承诺在“那时”之后的状态。所以，陈振宇要证明“挂了”表的状态义是语用义，就应该在主题时间用后句来取消这个状态义。

“墙上挂了一幅画”主题时间是现在，此时墙上“挂有一幅画”的状态义，也是无法取消的。这充分说明“了$_1$”句表达的状态义不是语用义，状态义是“了$_1$”本身的语义，不是从“了$_1$”的过去义推导出来的。由于这个状态义既可以用于过去的情景（“那时”），也可以用于现在的情景，那就没办法说“了$_1$”是个过去时标记了。

还有一种观点，认为“了$_1$”存现句中的状态义不是由“了$_1$”来表达的，“了$_1$”只表动态义①。“了$_1$”句本身表状态，“挂了”这个动态义不是句子真正要说的意思，而是“挂有”状态义的衍推义（entailment），也就是说，不是句子的断言（assertion）。因为“挂了”是“挂有”的原因，有果必有因，可以通过溯因推理（abduction），从“挂有”的状态反推出说话时间之前发

① 神户外国语大学的张岩就持此种观点，范晓蕾在与作者的个人交流中也支持这种观点。

生过"挂了"的动作。这种不属于断言的衍推义，显然是背景信息，而不是前景信息，前景信息是"挂有"的状态。由于认为"了$_1$"只表动态义，也就是说依附于主要动词"挂"的"了$_1$"表达的是背景信息，那么前景信息由什么成分来承载呢？只能勉强认为是由全句来表达。也就是说，前景信息没有专门承载的成分。从认知上来说，前景信息肯定要比背景信息的成分更加突显，而按照这种观点，则必须认为处于突显位置的"了$_1$"表背景信息，而非前景信息，这是违背常理的，难以做出解释。

"（相对）过去时"派还有一种认识，就是"了$_1$"存现句是一种特殊的句式，"了$_1$"在这种句式里表状态，可能是句式压制（coercion）的作用，使得"了$_1$"的意义发生了偏移。我们在上文已经讲过，典型的活动情状谓词"了$_1$"句是叠加态，既可以表过去的动态，也可以表现在的状态。可见"了$_1$"表状态并不是一种边缘的现象，而是具有普遍性的。面对这样的语言事实，仍然坚持认为"了$_1$"只能表过去，就无法自圆其说了。

4 “$了_1$”的核心问题

4.1 “特殊情况”：存现句和强持续动词

学界一直有这样一个认识，如果不是存现句和强持续动词的特殊情况，“$了_1$”原本可以有一个清晰、统一的句法语义定位，即“完整体”，或者“相对过去时”。看下面的例句：

墙上挂了一幅画。

我养了一条鱼。

这样“特殊情况”的句子，第一都是在讲说话时的情形，墙上在说话时有一幅画，我在说话时处于“养鱼”的状态；第二都表达一种状态义，而不是动态义，句子并不突显动作的“从无到有”，而是刻画动作结束之后作为结果的存续状态，墙上“有”画是“挂”动作实现之后的状态，我“养鱼”是在发生了从“没养”

到“养”的变化之后的状态。第一说明句子的主题时间是说话时间，不是说话时间之前的过去，“相对过去时”的定位就无法统摄它们。第二说明绵延的状态无法被说话时间“现在”这个框架所包含，而是反过来绵延的状态包含“现在”时间，这就说明“了$_1$”表达的体意义不可能是“完整体”。

反驳的意见会认为这个时候句中的“了$_1$”仍然表示说话时间之前（“过去”）的动态的实现，句子层面的状态义是从这个动态实现的意义中推导出来的，而不是“了$_1$”直接表达的时间意义。这里必须指出的是，墙上曾经发生的“挂”的动作、我曾经发生的从无到有的“养”的动作和说话时间“挂有”和“在养”的状态，两者之间不是衍推①关系，因为过去的动作只能保证在过去该动作实现的时刻“挂有”和“在养”状态的必然成立，不能保证在说话时间这些状态仍然成立。从过去到现在这段时间之内，完全有可能发生一些情况，使过去的状态无法存续到说话时间。换言之，如果认为“了$_1$”仍然表动态实现，那么这个动态实现和句子层面状态存续的意义之间，是一

① 衍推是指两个句子 a 和 b 之间的一种逻辑语义关系：如果 a 为真则 b 也为真，此时 a 衍推 b，例如“我能看见一条狗”衍推“我能看见一只动物”。（克里斯特尔 2000：127）

种或然的语用关系，而不是必然的语义关系。如果真是语用关系，那么应该可以预测，句子表达的现在时间的状态存续，是可以通过加后句取消的。我们仍然这样来测试：

* 墙上挂了一幅画，但是墙上没有画。

* 我养了一条鱼，但是我没有在养鱼。

可见，现在时间的状态存续这个意义无法取消，也就是说，这个意义不是“挂了”和“养了”动态意义的语用意义，而是它们的语义。“挂了”和“养了”本身就表达现在时间的状态存续，而不是从过去时间的动态意义推导出来的。

讲到这里，“动态派”学者仍然可以说，这些都是特殊情况：存现句可能有一种构式的压制作用，逼迫“$了_1$”发生类型上的变异，从表达动态实现转为表达状态存续；“养”类动词表达很强的持续意义，是特殊的动词小类，因此这时候“动词+了”倾向于表达状态存续，而不是动态实现。排除这些特殊情况，“$了_1$”仍然主要是“完整体”，或者表“相对过去时”。

4.2 一般情况的“$了_1$”句

然而真正的问题是，即使是最典型的“$了_1$”句，仍然有与存现句和“养”类动词句一样的状态存续意义。来看例句：

我写了一封信。

到目前为止，几乎所有的研究者都认为，这类句子只能表示说话时间之前（“过去”）的动态实现。但是这一点并不是绝对的，来看加上后句的情形：

我写了一封信，向组织表明我现在的立场。

由于信的内容被定性为“现在的立场”，说明说话人把写信的行为也看作“现在”的一部分，也就是把“现在”的时间框架扩大到了写信的时间。这个“写了”应该认定为表达“现在”的状态。如果用英语来翻译这个句子，比较合适的译法应该是用现在完成体：

I have written a letter to express to the organization

my current standpoint.

汉语中，好像很难说可以用“现在”一词来表示过去时间，所以“写信”的行为固然发生在说话时间之前，但是“写了”表达的却是这个行为发生之后在“现在”的状态，不再是这个动作在过去的实现，这样解释是最自然的。

由此可见，即使最典型的“$了_1$”句仍然会有状态存续意义，而且这个状态意义也是不能取消的：

*我写了一封信，向组织表明我现在的立场，但是我没写这封信①。

可见这个状态意义也是“$了_1$”的语义，而不是语用推导的结果。

由此我们可以推断，“写了”是可以跟“现在”共现的。检索北大 CCL 语料库，我们发现三例：

① 但总觉得本书扼杀的问题应当作一交代，有些朋

---

① 可以加后句说“但是这封信找不到了”，但是这句话并不能否定处于“写信”动作实现之后的状态。信没有了，不等于“写信”动作实现之后的状态也没有了。

友也问起此事及有关问题，故现在写了这篇回忆性的东西，了此公案。

② 我们现在写了不少……传记，有个共同倾向，就是把他们拔得很高，从小一贯如何正确、伟大，似乎从来都没有缺点和错误，只写“过五关、斩六将”，不写“走麦城”。

③ 这两个月我一直在忙著写长篇小说《小团圆》，从前的稿子完全不能用。现在写了一半。

在这些例句中，“写”的动作在说话时间之前就已经实现了，所以“现在”只能是指称动作实现之后的状态。通过“现在”与“写了”共现，原本隐藏着的状态意义变得显豁。

由此可见，典型的“了$_1$”句可以用来指说话时间（“现在”）的状态，至少可以说，总是可以找到必须这样解释的语境。可见，从总体上来说，“了$_1$”句表现在的状态是一个普遍情况。这样一来，“动态派”学者再也不能以“特殊情况”为理由，把“了$_1$”定位为“完整体”或者“相对过去时”的标记了。

4.3 “了$_1$”句以状态义为本

我们继续来看典型的“了$_1$”句：

我写了一封信。

“写了”表动态实现，只能用于说话时间之前（“过去”）；而“写了”表状态实现，则既能用于过去（“写”的动作一旦结束，立刻进入“写”实现之后的状态)，也能用于说话时间（“现在”）。状态实现意义适用的时间框架更多，可见是“$了_1$”更基本（primary）的意义。

再来看存现“$了_1$”句和一般“$了_1$”句的差别：

他的衣服上撕破??（了）一道口子。

他在衣服上撕破（了）一道口子。

动结式动词作谓语时，存现“$了_1$”句中如果省略“$了_1$”，句子就显得不太完整，但一般“$了_1$”句如果省略“$了_1$”，不影响句子的完整性。同等条件下，状态实现意义更需要“$了_1$”来承担，动态实现意义则未必要“$了_1$”来承担。也就是说，“$了_1$”的状态实现意义可能更为基本。

如果我们把“$了_1$”的动态实现意义概括为“现”，把“$了_1$”的状态实现意义概括为“存”，那么“存现”都是“$了_1$”的语义。这也是刘勋宁（1988）的观点，即“了$_1$”表达状态的产生和存在。本书接着要指出的是，存在义比产生义更基本。

“存”和“现”这两个方面，显然是有联系的。首先，如果是在说话时间之前（“过去”），“现”和“存”就是一体两面的关系。因为一旦“现”，就有“存”，而且没有可以脱离“存”的“现”。“写信”动作的“现”达成，一定意味着其后状态的“存”，“现”衍推“存”。但是，如果是在说话时间（“现在”）的“存”，则一方面和“过去”的“现”有因果关系，是由于“现”，才有“存”；另一方面又是可以区分的，因为“现”与“存”在不同的时间框架内。

如何理解“了$_1$”的“存”义是其基本义？由于“了$_1$”在“过去”所表达的“现”义与“存”义一体两面，是前者衍推后者的关系，所以就可以认为用“存”义就可以表达“现”义。刘勋宁（1988）将“了$_1$”的语法作用表述为：“词尾‘了’附在动词、形容词以及其他谓词形式之后，表明该词词义所指处于事实的状态下”，就是用“状态”来定义的。以前学界对这个“状态定义”不敏感，没有意识到“处于事实的状态下”，其实就是我们说的“了$_1$”的“存”义。这个定义揭示了汉语的一个重大特征，动态过程（“现”）义是通过状态（“存”）义来表达的。

那么，这个特征对汉语语法系统意味着什么？沈家煊（2016）指出，汉语中的动词其实是“大名词”的次类，是动态名词，其关键性的特征是可以直接作主宾语。这是对汉语动词性质的总体刻画，这意味着汉语动词在作谓语的时候，仍然是动态名词。王伟、沈家煊（2011）据此指出，汉语没有印欧语那样真正的谓语，谓语本质上也是指称性成分。

赵元任早就指出，汉语谓语的类型不受限制，各类实词都能充当。很多研究者认为，名词作谓语时不能带宾语，其实并非如此：

Beyond 摇滚了几十年。

有事微我。

他只绅士了一顶帽子。

你微信我一个字也好。

她同时备胎了两个男孩。

美媒真相了两件事情。

名词作谓语时能够带宾语，有很多还不是时量等非典型宾语，而是典型宾语，并且这种情况越来越普遍。正如动词作主宾语时没有发生“名词化”，也没有理由认为这样作谓语的名词发生了“动词化”。

有人说，这样的名词作谓语，英语也一样，但这就抹煞了英汉两种语言的重要差别。我们假定英语的gentleman也可以作谓语，那么它在句子中必须跟真正的动词一样发生变位，有时态标记。比如Yao Ming has gentlemaned all his life（姚明已经绅士了一辈子）中gentleman像真正的动词一样有单复数，因为主语是单数，所以完成体中的have要变位为单数形式has，而它自己也要变位为过去分词gentlemaned。可见，此时gentleman已经变为一个动词，它必须先发生动词化，才能合法地进入句子。而汉语中的名词“绅士”作谓语，没有发生这种通过系统形态变化来体现的动词化，是直接作谓语。当然，从总体格局来说，汉语中名词相对于动词谓语是比较特殊的，这一点我们并不否认。但是区分特殊与一般，并不等于特殊现象就不需要解释。就语言学理论而言，特殊现象恰恰具有特殊的重要性，因为成功的理论必须也能解释特殊现象，这类似于“木桶效应”——木桶能够盛多少水，并不取决于最长的木条，而是取决于最短的木条。因此，如果我们承认名词作为指称性成分直接作谓语，汉语的各类谓语就可以找到共性，我们来看下面的例子：

写了一封信

真相了两件事

红了一大片

这里的“写”“真相”“红”作谓语，分别属于动词、名词和形容词。由于动词是动态名词，和名词、形容词一样都是指称性成分，所以动词、名词和形容词都是作为指称性成分作谓语的，他们共同的语法意义可以概括为“状态”。“写”是动态，即动作状态；“真相”是动态的目的，本质上也是状态；“红”一般指属性，作谓语时表达的也是状态。按照刘勋宁（1988）的分析，“了$_1$”都是表达谓词词义所指（各种状态）“处于事实的状态下”，我们可以更精简地表述为“已经进入状态”。由于谓词表达的是各种状态，所以“了$_1$”的核心语义可以概括为“已经进入”。“已经进入”其实就是“存”和“现”两个方面：“已经”表状态，是“存”；“进入”表动态，是“现”。重要的是，“了$_1$”所表达的“进入”是不能脱离“已经”来表达的，这是“了$_1$”的意义以“存”为本的体现。

这里有一个由来已久的问题，那就是很多研究者把这种“进入”看作是“开始”或者“起始”。赵元任（Chao 1968）把“糟了，下雨了”中的“了”称为inchoative“了”。这个inchoative被认为在语言学术语中主要指“开始”，有些语言中有专门的形式来表达，称之为“起始体”（克里斯特尔2000：179）。但是请注意，赵元任对以上例句的翻译是 Too bad it's raining，而不是 Too bad it starts raining，译文并没有体现“开始”。原来，inchoative 这个术语用来指称的时体意义其实有两种：一种实际上是结果体，比如 become rich（变富）；另一种才是起始体，比如 catch fire（着火）（Lipka 1982）。“变富”是指“已经富”，而“着火”则是指“开始烧”。“糟了，下雨了”中的“了”显然表达的是“已经”，不是“开始”。

5 简单的回顾："了$_2$"[①]

对于"了$_2$"的语法意义，语言学家进行过不同的定位，主要有以下几个方面：

5.1 语气助词

贺阳（1992）将"语气"概念定义为"通过语法形式表达的说话人针对句中命题的主观意识"，与国际语言学主流的 Palmer（1986）定义一致。按照这种定义，语气是外加于命题之上的内容，也就是说，表达语气的前提是得先有一个命题。

由于"了$_2$"的位置是在句子或小句的末尾，可以很自然地分析成位于命题的最外部，所以许多语言学家都把它看成是语气助词。黎锦熙（1924［2000］：229—234）认为句尾"了"表达语气的完结，具体的提法是

① 这部分内容主要来自王伟（2006），文字经过整理。

“判定”“感叹”。吕叔湘（1942/2002：260）提出所谓“直陈”语气①，具体来说是决定语气或者兼表决定语气和“既事”动相②。

5.1.1 居于底层

如果说“了$_2$”表达“直陈”语气，这并不妨碍它出现在没有疑问词的疑问句中：

(1) 就是说他已经是她私人的了？

(2) 陈主编从外面进来，大家和他打招呼：来啦，小孩病好了？

(3) 李东宝忙问：费用你再全包了？

出现在感叹句中：

---

① 在形态语言中，直陈（indicative）与祈使（imperative）、虚拟（subjunctive）对立，既表示动词的形式，也表示句子的类型，主要表示前者，句类是因词称句。汉语中没有动词的形态变化，也没有所谓虚拟句类，所以一般采用陈述（declarative）、祈使（imperative）以及疑问（interrogative）的系统，再加上“感叹”（exclamative）。吕叔湘（1942/2002：262）讲“了$_2$”表“直陈”，是与“特殊语气（疑问、祈使、感叹）”对立而言，所以其实是指陈述，而非与祈使、虚拟对立的直陈。

② “动相”是吕叔湘（1942/2002：227）相当于通常所说的“体”的术语，其中“既事相”表示动作的完成（1942/2002：229）。

说“了”

(4) 牛大姐痛斥南希，你想错了！

(5) 一个机器人——我还不信了！

以及出现在祈使句中：

(6) 不要吵，不要吵了！

(7) 别臭美了！

以上的疑问、感叹、祈使的语气是语调变化外加而来的，而不是“$了_2$”本身所造成，这就说明，相对于非陈述语气，“$了_2$”所表达的是一种普通的语气①，可以成为其他较特殊语气的基础，占据的是较底层的位置。

5.1.2 另类的语气词

“$了_2$”之所以在语气的层次上比较低，原因之一正如胡明扬（1981：347—348）所指出的：一般语气助词是完整句子之外的附属成分，省略并不影响句子的成立；“了”和相应的时态助词却很难截然分开，并且是一个完整句子不可分割的一部分，有所谓“完句”作

① 吕叔湘（1942/2002：262）将所有非“直陈”语气都称为“特殊语气”，这就暗示了“$了_2$”所表直陈语气的“普通性”。

用，可称为"时态·语气助词"①。如果将胡明扬的观点中提到"句子"的地方用"命题"代替，就可以更加清楚地认识这个问题——"$了_2$"本身往往是一个完整命题不可分割的一部分，而一般语气助词只是附加在命题后面，本身不参与命题内容，如下例所示：

认识了羞耻二字也是收获啊！	认识了羞耻二字也是收获。
你们也没办法吧？	你们也没办法。
可以到那边坐坐吗？	可以到那边坐坐。
追求个什么效果呢？	追求个什么效果？

他吃了饭了。	*他吃了饭。
你们看着顺眼多了。	*你们看着顺眼多。
大家哗地笑了。	*大家哗地笑。
南希很快和大家混熟了。	*南希很快和大家混熟。

不过，胡明扬这种表述有些过于绝对，没有考虑到

① 胡明扬上述观点中所说的"了"指"$了_2$"，"相应的时态助词"应该是指"$了_1$"，说"$了_2$"与"$了_1$"是如何"很难截然分开"，原文没有明述。

“$了_2$”与一般语气助词一致的方面：

这家饭店太吵了！

此例如果省略“$了_2$”，并不影响句子中命题的完整，与一般语气助词表现相当一致。这种“$了_2$”，金立鑫（1998）等称之为“纯语气词”。但是，“纯语气词”的界定并非那么容易，因为也会有不少人认为像“南希很快和大家混熟”这样的句子未必真的不完整。如果不考虑所谓“纯语气词”的用法，胡明扬对“$了_2$”主要用法的定位还是准确的。

胡明扬（1981）将“了”与句末“的”看作同一类，很有道理。张谊生（2000b）、齐沪扬（2002）认为，因为只有“的了”的连用，而没有“了的”连用，所以“的”表达的语气在层次上比“$了_2$”更基本，并因此将“的”与“$了_2$”分为两类。不过，正如王冬梅（2014）指出的，“的了”和“了的”的组合都是有的，虽然两种情况下“$了_2$”属于不同的小类，而且句尾的“的”和“$了_2$”有肯定与叙述的分别，不是对称的。但是，从分布上看，与其他语气助词相比，“的”与“$了_2$”在层次上大致相当，应与一般语气词加以区别。

胡明扬（1981：348）还正确指出，句子末尾叠用语气词时，顺序是"了$_2$"在其他一般语气词的前面，而不能相反：

这下有说的了吧？	*这下有说的吧了？
问题是您不是老早被清除了吗？	*问题是您不是老早被清除吗了？

这也是因为"了$_2$"本身是命题的组成部分，所以上例中的"了$_2$"也都不能省略。

"了$_2$"与一般语气词不同的另一个方面是非句末或者说句中的情形：

有道理，于德利点头，不过你们胆子也太大了，就不怕露了馅被逮住？

你想啊，我要是太能干了，不就把你们比下去了？

前程我们已经瞻望了，现在正视一下现实吧。

另一同地男子也道：用了，就得付出代价！

以上例句中"了$_2$"位于小句末尾，而且整个句子末尾表达的都不是简单的陈述语气。上例分别是疑问、反诘、祈使、感叹，这种情况下还可以认为，"了$_2$"表达的陈述语气管辖小句中的命题。但是，当"了$_2$"既不处于整句末，也不处于小句末，而处于没有语气停顿的句子中间时，就很难认为它还能具备语气词的功能：

牛大姐和刘书友也凑过来：让我们也听听怎么识别好人坏人，我们都这么大岁数**了**还净上当。

于德利猛醒，掩口后退：你别跳闸，千万别，我不言语**了**还不成吗?

实际上，这个问题与汉语“流水句”的特点和有关，涉及“$了_1$”与“$了_2$”的分合，详见第7章。

5.1.3 不是话题标记

赵元任（1979：41—51）指出：汉语在句子结构上可以分为零句和整句，整句有主语和谓语两部分，之间可以“用停顿、可能的停顿或四个停顿助词之一（啊、呐、嘿、吧）隔开”，这是整句的“形式特征”。以上停顿助词其实都是语气助词，都有表疑问和表停顿两种作用，既可以加在疑问句后边，又可以加在主语后边。我们现在知道，汉语中的主语本质上是话题（参见本书系宋文辉 2018）。方梅（1994：129—130）对此做了更细致的研究，指出：一般语气词出现在句子中的时候，前面的成分大致有五大类，其实都可以分析为话题，例如（括号内是方梅的分析）：

我吧，就是特爱钻研。对什么都感兴趣，不管社会上刮什么风我都跟着凑热闹。（语气词前的成分既是句子的主语又是话题）

他这把年纪吧，办收养手续也是难了点儿。（语气词前的成分是句子的话题，但是它的主语身份有争议）

跟聪明的人啊，我也不抖机灵了。（语气词前的成分是话题，不是主语）

反正呀，待会再买半斤怎么也够了。（语气词前面是连词、副词、介词或起篇章连接作用的短语）

我从小吧，就特羡慕革命烈士，江姐呵，赵一曼呵，当然还有洪常青。打心眼儿里敬佩他们。（语气词前面的成分，从句法上看，语气词隔开的两个语段不是句子的直接组成成分）

有意思的是，能够出现在以上五类例句中话题之后的，仅限于一般语气词（啊、呐、嘿、吧），都无法用"了$_2$"来替代，也无法用"的"来替代。可见"的""了$_2$"确实与一般语气词有着明显的功能分工，都不是一般的语气词。

综上所述，"了$_2$"既有与一般语气词一致的用法，也有与一般语气词明显不同的分工，单纯定位为语气词无法涵盖“了$_2$”的全貌，因此并不可取。

5.2 事态助词

从历史的角度来研究“了$_2$”形成过程的近代汉语研究者，认识到“了$_1$”和“了$_2$”在来源上都是实义动词“了”。由于发现“了$_1$”指向谓语，而“了$_2$”则指向句子的整个命题，就根据这种对立分别取名为“动态助词”和“事态助词”，这一派以曹广顺（1995）为代表。

近代汉语的学者从辖域的角度提出了“了$_2$”作为事态助词的句法地位，但是对它的句法意义并没有进行明确的概括。许多学者则从不同的角度试图对各种用法的“了$_2$”进行句法意义的统一概括。

5.2.1 事态变化

对“了$_2$”最有名的定位是认为“了$_2$”表示一种事态变化。这种观点以吕叔湘（1981/1999：351）为代表，他认为“了$_2$”主要肯定事态出现了变化或者即将出现变化，有成句的作用。由于认为“了$_2$”表达的是事态的变化，那么命题必然涉及变化前的状态和变化后的状态，否则所谓变化就无从谈起。但是这种观点并不适用于所有的"了$_2$"句，比如像下面这样的句子：

这家饭店太吵了！

要理解这句话，只需要知道这家饭店在说话时间所处的状态——太吵，并不涉及饭店在说话时间之前是一个怎样的状态。换言之，这样的句子根本无所谓什么变化。如果要强调"事态变化"，那就不得不把这类"了$_2$"句分出去，单列一类，而这显然会无谓地增加"了$_2$"系统的复杂性。

认知语言学（Sweetser 1990）提出语义的发展可能在现实事态域（content domain）、主观认识域（epistemic domain）、言语行为域（speech-act domain）之间通过隐喻形成映射关系，沈家煊（2003）将这三个概念域概括为行域、知域和言域。肖治野、沈家煊（2009）利用这三个域统一地解释"了$_2$"的各种用法。上例中的"了$_2$"，如果要说发生了变化，显然不是客观的事态，而是说话人认知的状态。也就是说，在他的"认知域"中，发生了从"这家饭店太吵"这种认知状态从无到有的变化。"事态变化"的定位问题在于只关注客观的事态，却没有认识到"了$_2$"也可以表达主观的"知态"变化。"言域"的情况则是"言态"的变化，也不是客观的事态（例如：作为指令的“吃饭了！”）。

5.2.2 新情况的出现

对事态助词的另一种解释是认为它表示新情况的出现，但是这种解释遇到“$了_2$”的非“行域”用法，往往难以做出令人满意的解释，如下例所示：

都老同学了，干嘛还那么客气。

你今年六十了。

你退休好几年了。

在上例中，说话人和听话人毫无疑问都知道句中所说的情况，对他们来说，这都不是什么新情况。如果“新情况的出现”是对“$了_2$”的严格界定，那么可以预测，上例应该不能使用“$了_2$”，但实际上完全可以使用。一个比较合理的解释是陈述句倾向于表达新近发生的情况，说这是大部分“$了_2$”句的情形，应该不成问题。也就是说，“新情况论”的问题，是把陈述句的语用特点看成是“$了_2$”的独家贡献。

即使按照肖治野、沈家煊（2009）的研究思路，上例似乎也都不能认为是“出现新知态”，而是对早已存在的认知状态加以强调，以引起听话人的注意。这种强调，也许可以认为是一种新言态的出现，例如，“你今年六十了”中“你今年六十”这个情况本身不是新情况，但是在说话人看来，出现了一种状况，使得“你今年六十”这种既有情况，又可以给予新的关注。可见，这种新言态跟传统上所说的“新情况”还是有区别的，后者主要是对事态的客观描述，而前者是说话者的主观认定。可见，用传统的“新情况的出现”来统摄所有“了$_2$”的用法，是不成功的。此种说法的问题是根本上在于只讲“出现”，不讲“存在”。

5.2.3 独立于小句之外的断言算子

Pan 和 Lee（2004）主张将“了”看作独立于小句之外的断言算子。只要小句的命题在参照时间或者参照时间之前为真，就可以在小句后面加上个“了$_2$”来对此加以肯定。但是，正如石定栩、胡建华（2006）所指出的那样：“了$_2$”句并不需要在逻辑上为真，比如他举的经典的非真实句：

当今法国国王已经失去所有的特权了。

这句话并不因为没有真值而不能成立，也就是说，虽然现实中没有法国国王，但这并不意味着这句话本身不能说。句子的语义异常，不是因为“了$_2$”在句法语义上出了问题。

“$了_2$”往往表达的是说话人对小句命题的主观判断，与实际的真值没有必然联系。实际上，Pan 和 Lee 在这里是把自然语言与逻辑命题混为一谈了，比如，对外汉语教学中的传统难题，“就”字句和“才”字句中“$了_2$”的用法就无法用他们的理论来解释：

他昨天八点钟就来了。

他昨天八点钟才来。

两句话中，“他昨天八点钟来”这件事情在参照时间都为真，但是“就”字句必须加“$了_2$”，“才”字句必须不加“$了_2$”，否则句子都无法成立。那为什么“就”字句中的断言的真值必须通过“$了_2$”来确定，而“才”字句中断言的真值却根本无法通过“$了_2$”来确定？

5.2.4 事件有界性标记

Arin（2003）的博士论文专门从时、体、态的角度来讨论现代汉语中“了”的问题，她认为只有一个“了”，其句法地位是表示事件界限（boundary）的标记①。论文中有许多精辟的论述，尤其是能够比较好地兼顾“$了_2$”

① 国内也有张黎（2004）和陈忠（2006）等学者持有类似的观点，不过前者主张只有一个“了”，后者主张二分。

与时间有关系的用法以及表达纯粹语气的与时间无关的用法。但是，她的基本观点我们无法同意，因为此论也无法解释为什么会有这样的差别——既然同样都是提供界限，词尾"了"无法帮助成句，而句尾"了"则可以：

* 他吃了饭。

他吃饭了。

5.3 体貌标记

另一大类对"了$_2$"的定位是从体貌的角度来进行概括的。

5.3.1 完成体标记

最典型的就是 Li 和 Thompson（1981），他们认为"了$_2$"是完成体标记。

海外的研究者，由于受到英欧语言时体系统研究范式的影响，通常把"了$_1$"看成完整体标记，把"了$_2$"看成完成体标记（perfect）①，这派以徐赳赳翻译的李讷等（1994）最有影响力。我们知道，完成体的主要特征

---

① 徐赳赳译为"已然体"标记。（李讷等 1982）

是：1）所说的活动或事件发生在主题时间之前；2）所说的活动或事件跟句子的主题时间相关，这个时间默认是说话时间，除非句子中另有表述。李讷等的一个重要论点，是认为“了$_2$”表达“现实相关性”。

不难发现，认为“了$_2$”表语气与认为“了$_2$”表完成体，两种说法具有相通的方面，所谓“了”表达的语气实际上就是表明事件是“实现的”这样一种申述语气，或者说直陈语气。这种语气相对于疑问、感叹来说，是最平淡的一种，无非就是说，事情是处于实现的状况之下。而“了$_2$”之所以能表达这种语气，恰恰是因为它处于句子或者是小句的末尾，管辖的是整个句子或者小句的命题，针对的是命题所陈述的事态（situation），而不像“了$_1$”那样只是指向谓语，针对的是谓词所表达的动态（action）。

这里所谓的语气，大致可以认为属于情态范畴，表达的是说话人对于所说话语的命题的一种主观态度。情态可以通过各种语言成分来表达，汉语中除了语气助词之外，情态副词、助动词等都可以表达情态。比如汉语的助动词“能”，原来只是客观地说明主语是否具有某种能力，在句子中辖域是其后谓语，比如：

小毛能做同声传译。

后来，随着“能”的语法化，其辖域也逐渐扩展到整个命题。比如：

能把盐递给我吗？

这个时候，句子表示一种祈使的情态意义，“能”可以分析为祈使语气标记。

由此看来，情态词辖域小的，表达的意义比较客观，具有实质性；辖域大的，则表达的意义比较主观、抽象。同样的，“了$_2$”作为情态标记的语气功能，与它管辖整个命题，表达事态是直接相联的。

下面我们来看看把“了$_2$”看成完成体有没有道理。把“了$_2$”看成完成体，首先遇到的挑战是“了$_2$”可以表达所谓“起始义”（inchoative）：

吃饭了！

（别着急，）来了来了！

上述例子都是表起始义的句子，而且句子中没有其他表达未然、将来的时间词，而去掉“了$_2$”就变成单独的谓词句，句义以及句子应用场合都发生变化：

吃饭！

（别着急，）来来！

例句都变成了祈使句，表达的是要求谓词所表达的动作得到完成，而不再是陈述命题所表达的事态处于即将实现的状态。由此可见，例句的起始义是谓词命题 S 进入“S 了$_2$”构式的结果。

在这样的起始义用法中，活动或者事件是发生在参考时间之后，而不是之前，这就违反了上文所说的完成体的第一项条件。关于这个问题，陈前瑞（2005）辩护说：这样的起始义可以分析为将来完成体，是用完成体来表达最近将来时（immediate future）的用法，仍然能够看作是完成体范畴的非典型成员，符合李讷等（1994）所谓现代汉语中“了$_2$”的完成体用法是一个“簇”（cluster）的观念。

这种观点的问题首先是无法证明汉语有过去时态，既然如此，怎么会单独出现一个“最近将来”时态呢？这在汉语的时间系统上如何取得平衡呢？不过，这还不是问题的关键所在，问题的关键是：现代汉语中“了$_2$”所组成的“S 了$_2$”构式所表达的时体意义，究竟能不能用“完成体”来涵盖？

通常，在英语的语法系统当中，完成体（以现在完成体为典型）的学习是必须要和一般过去时进行对比，才能理解其特性。让我们来看下面这组例子：

Where did you put my purse?

Where have you put my purse?（Quirk，et al. 1985/1989：192）

根据 Quirk 等人的分析，第一个例句中说话人要求听话人回忆放钱包这一发生在过去的行为，而第二个例句中说话人关注的是钱包现在的下落。这是因为在英语当中，一般过去时与现在完成体的区别在于，虽然两者讲的都是发生在参考时间之前的事件，但是现在完成体强调这一过去事件与现在存在着联系，而过去时则没有这种要求。第一个例句翻译成汉语，如果非要强调要求听话人回忆他过去的行为，可以翻译为：

你当时把我的钱包放哪儿了？

如果没有这样的强调，则两个例句都可以翻译成：

你把我的钱包放哪儿了？

如果我们把以上两个汉语句子分别分析为相当于英语中的一般过去时和现在完成体，那么两者的差别是用不用时间状语"当时"的问题，而不是用不用"了$_2$"的问题。看来，"了$_2$"对英语中的一般过去时和现在完成时之间的区别不作反应。此外，在英语的现在完成体中，了$_2$与表示过去时刻的时间状语具有较强的排斥性，比如通常不能说：

* Where have you put my purse last night?

这是因为原来这句句子中的主题时间是说话时间，而句子表述的事件发生在说话时间之前，如果再加入一个表示过去的时间，就会形成两个主题时间，从而造成矛盾。从上面的例子可以看出，汉语的"S 了$_2$"句是不排斥这样的时间状语的：

你昨天晚上把我的钱包放哪儿了？

由此可见，说"S 了$_2$"句表完成体是没有根据的。对汉语句子时间系统的描述，不能跟着印欧语言亦步亦趋。

上面的两个例句所说的都是"你"把"我的钱包"

放在某处，是一个已经实现了的行为。通过“哪儿”这个疑问代词，说话人追寻钱包的下落。而为了表达英语一般过去时所强调的“说话人要求听话人回忆过去行为”的意思，汉语只需要加上相应的时间状语就可以了，并没有时体标记方面的变化。

实际上，“了$_2$”并不仅仅表达动态意义的命题，比如前面举过的这个例子：

这家饭店太吵了。

这里的“饭店吵”只是说话人说话时所感觉到的一种现象甚至印象而已，并没有“相对于某个参考时间之前就已发生”的意思。也就是说，这句话不能理解为这家饭店在说话时间之前就“已经太吵”，这里的“S 了$_2$”是说这家饭店发生了一种状况，即“太吵”，在说话时间这种状况存在着，处于实现状态。

上面这两句例子用英语来说，只能译成一般现在时：

This restaurant is too noisy!

如果要认为“S 了$_2$”表完成体，那就必须把这句话翻译成：

说“了”

This restaurant has been too noisy!

而这显然是糟糕的译文，不能准确反映汉语原文的意义。

即使承认可以用原型论的观念将汉语的完成体描述为一个“簇”，那么，这个“簇”不得不包括一般过去时和一般现在时的用法，内容未免过于庞杂，很难认为是一个好的定位。

5.3.2 过去时标记

另一种比较有影响的观点是刘勋宁（2002）：他认为“$了_2$”表示的是过去时，但这种观点存在的问题是显而易见的。正如赵世开、沈家煊（1984）所指出的那样，“$了_2$”与英语中的过去时远非一一对应，最简单的反例，就是那些指示说话时间的“$了_2$”句，比如，“这家饭店太吵了。”

5.3.3 起始态标记

容新（1997）认为“$了_1$”表示的是动作行为的完全态（perfective），而“$了_2$”表示的是动作行为发生变化以后一个新情况的起始态（inchoative），他认为“$了_2$”在时间轴上总是标志一个没有终止点情状的起始点。他对 inchoative 的理解是有问题的，也就是只强调“将然”的一面，而不知道“已然”的一面（参见前文

4.3节)。看下面的例子：

我吃过饭了。

如果要认为“了$_2$”表示一个“没有终止点情状的起始点”，那么就必须认为句子表达的是“我吃过饭”的事态开始了，也就是“我开始吃过饭”，这显然是讲不通的。只要把inchoative理解为“已然”，即“我已经吃过饭”，这个矛盾立刻就解决了。可见，“了$_2$”表达的绝非“起始”，而是“已经”。

综上所述，到目前为止，学界对“了$_2$”的以上所有句法语义定位，都是不成功的。

6 “了$_2$”的核心问题

实际上，肖治野、沈家煊（2009）对“了$_2$”的定位已经相当到位了，可以统摄“了$_2$”的各种用法。需要指出的是，虽然他们仍然坚持用“新情况的出现”这一传统表述，但是已经把主观性很强的知域和言域的意义纳入了“情况”的概念，这就对只注重客观事态的传统分析做出了重要的补充和完善。最重要的一点是，他们对“了$_2$”的概括都是从“状态”出发，这是非常准确的。但是他们的研究也存在问题，那就是仍然是传统上重视“现”而忽视“存”的老路子，没有认识到后者才是“了$_2$”的基本义。

前文（5.2.2节）对于这个问题已经做了论述，我们在此略作补充。先来看以下的例句：

他走了。

他红了。

他研究员了。

他在大厅等着了。

他吃过饭了。

他在写作业了。

以上“了$_2$”句中，“了$_2$”依附于其上的命题，有的只包含一个动词（例如“他走”），一个形容词（例如“他红”），甚至一个名词（例如“他研究员”）；有的则是一个较为完整的命题（例如“他在大厅等着”“他吃过饭”“他在写作业”）。如果我们承认，所有例句中句末的“了”是相同的成分，那么“**X** 了”中的 **X**，一定具有共性。对这个共性最好的概括，仍然是“状态”。跟我们在分析“了$_1$”时所指出的一样，这是因为无论名词、动词、形容词，都是“大名词”，都是指称性成分，而较完整命题中的核心成分（动词）也因此都是指称性成分，所以整个表示命题的小句也是指称性成分。它们作为指称性成分的共同点，就是指称某种状态。“了$_2$”则表示已经进入相应的状态。“了$_2$”的句法语义定位因此就是“已经进入”命题所表达的状态，其实也是表达状态的“存现”，其中“存”是基本义。

金立鑫（1998）等认为应该把作为纯语气词的“了$_2$”单独分出来（即“了$_4$”），理由有两个：第一，这时“了$_4$”完全可以去掉，而不影响句子的时体意义，影响的是句子的情态意义；第二，形容词加上程度副词后，作为一种主观情态而不是作为一种客观状态，它没有时体的要求（例如“天太冷了”），不像表示状态时的用法（例如“天气冷——天气冷了”）可以有时体的要求。陈前瑞、胡亚（2016）反对把“了$_4$”单分出来，理由是这样做“不容易看到语言多样性背后更加深刻的一致性”。

我们同意后者的观点，但是我们的分析要更为具体。首先，我们在前文已经指出，“纯语气词”的界定并不是那么说一不二的，也有不好确定的情况。其次，我们本来就不认为不属于纯语气词的“了$_2$”表达的是时体意义，因为“了$_2$”本身的意义（“已经进入”）太过宽泛，要在句子层面呈现出特定的时体意义，需要别的条件，不能只靠“了$_2$”。我们来看上面举过的例子：

他走了。

“了$_2$”在这个句子中表达什么时体意义？如果说话人把句子的主题时间定位于说话时间之前（“过去”），那么句子表达的是“他”在过去完成了“走”这个动作；如果说话人把句子的主题时间定位于说话时间（“现在”），那么句子表达的是“他”现在处于“走”这个动作完成之后的状态。前者大致对应于“完整体”，后者大致对应于“完成体”。可见，必须在主题时间确定之后，才能确定“了$_2$”句在句子层面的时间意义，而“了$_2$”本身说不清表达的是什么确定的时体意义。

以上一系列的分析与“了$_1$”有着明显的一致性，可以旁证“了$_1$”和“了$_2$”本质上是一回事。

我们之所以反对把所谓纯语气词“了$_4$”单列成一类，主要是因为这样做会掩盖以下重要事实：“了$_4$”的所谓“纯语气意义”来源于“存现”意义。凡是被认为是纯语气词的“了$_4$”句，都有一个共同的特点，就是删去“了$_4$”不会影响剩下的命题仍然是个完整的句子：

这家饭店太吵**了**。
这家饭店太吵。

“了$_4$”表达“这家饭店太吵”这个命题处于“存现”的状态，而这层意义“这家饭店太吵”本来就能表达。可见“了$_4$”这里起到的作用就是“强调”“重申”，而这正是其“纯语气”意义的来源。因为是强调，删除了当然不影响剩下命题仍然是完整的句子，但是不能因此就认为它不表示任何较为实在的意义。强调“存现”仍然表达“存现”，如果仅仅分析为纯语气词，“$了_4$”与其他意义比较实在的“$了_2$”之间内在的联系就看不出来了，实际上就破坏了“$了_2$”各种用法的内在统一性。

7　如何统一“了$_1$”和“了$_2$”？

7.1　“单一论”

学界一直有一种声音，主张只有一个“了”，词尾的“了$_1$”和句尾的“了$_2$”，都是同一个成分在不同位置的使用。

7.1.1　简单的回顾

传统语法研究文献中，通常都是区分词尾和句尾两个“了”的。英文文献中较早主张只有一个“了”的文献是 Ziqiang Shi（1990），他主张词尾“了”的“完成”（perfectivity）和句尾“了”的“始成”（inchoativity）并不像此前研究者认为的那样，是时体范畴中的基本体，而是可以进一步按照它们的有界性和相对时序（relative anteriority）做分解。Shi 所说的“相对时序”，指的就是相对于参考时间（主题时间），动词情状的某个界限发生在这个时间之前。完成体是有界状态看作相对时序的结果（“他杀了一只鸡”）；始成体是无界状态看作相对时序的结果（“他吃肉了”）。这样，“了”在不同的句法位置上就有了相同的核心意义：表示它所指的相对时序状态。上面的两个例句中，差别仅在于，词尾“了”指的是“他杀一只鸡”这个有界情状整个处于主题时间（说话时间）之前；而句尾“了”指的是“他吃肉”这个无界情状的起点处于主题时间（说话时间）之前。在“某个界限处于主题时间之前”这一点上，两个“了”是一致的。

石毓智（2000：20）① 认为：上述两个“了”“实质上是同一个成分在不同句法位置上的语法变体，两种的使用条件是一致的，所以本文把两个不同叫法的‘了’作为同一个成分来看待。”简单地说，这里的“使用条件”就是有一个“实现过程”，也就是一个从无到有的过程。石文把“无”的状态所处的时间称为“前时点”，“有”的状态所处的时间称为“实现点”，所谓“实现过程”就是从前时点状态实现为实现点的状态。

其他主张只有一个“了”的文献，还有王维贤（1997），他认为所有“了”的意义基本相同，都表“实现”。

---

① 石毓智（2000）没有引用 Ziqiang Shi（1990），虽然两个文献的观点都是把词尾和句尾的两个“了”分析为同一个成分。

支持以上“单一论”观点的理由，首先自然是因为所有虚化的“了”都来自同一个来源——动词“了”/.liao/。

其次是在问答句中，常常是问句用“$了_1$”而答句用“$了_2$”，例如：

—你吃了饭没有？—吃了。

—你了解了情况没有？—了解了。（转引自刘勋宁 2019）

这显然说明“$了_1$”和“$了_2$”在意义上有自然的联系。

7.1.2 “单一论”的问题

但是，要主张“$了_1$”和“$了_2$”其实是同一个东西，显然必须解释，为什么“$了_1$”和“$了_2$”表达的时间意义并不相同。

我们分别以“吃了饭”（$了_1$）和“吃饭了”（$了_2$）这两个短语来作比较，见下例：

我吃了饭去上学。

我吃了饭了。

我吃了饭就去接你。

这三个例句分别表过去、现在、将来的情形，但是“吃了饭”所在的句子，表达的都是“吃饭”这个动作的完成，虽然未必是动作对象的耗尽（consumed），但都表示“吃”获得了最低程度的实现，并且动作结束了。

吃饭了。（妈妈刚做好饭，跟家里人说）

他吃饭了。（他刚刚端起碗吃了一口）

他吃饭了。（他正在吃）

他吃饭了。（回答“他刚才干什么？”）

这四个例句分别表示将然、起始、进行、已然（完成）。一方面，“吃饭了”的时间意义都可以看作是“实现”的次类，也就是说，只要是表起始、进行、已然（完成）的，一定表实现，但是表实现的，未必表起始、进行、已然（完成）。可“将然”好像不算实现啊？这样的“$了_2$”句其实是把“吃饭”事件的条件（“饭做得了”）也看作是实现事件的一部分。条件具备了，也就意味着“实现”的开始。从这个意义上来说，“将然”仍然表实现。在说话人心目中，做好饭，就已经意味着“吃饭”进入了“实现”状态。而“吃了饭”一般只能表已然（完成），不能表将然、起始、进行，即“$了_1$”

表达的实现意义，只是“了$_2$”的一部分。也就是说，“了$_1$”是“了$_2$”的次类，是“了$_2$”的特例。问答句中，之所以可以用“了$_2$”句回答“了$_1$”问句，就是因为这个时候两个“了”都表“已然”（完成）。

但是“了$_2$”的实现意义类型上比“了$_1$”丰富，又怎么能说两者是统一的呢？为什么“了$_1$”的实现意义仅限于“已然”（完成）这一种呢？石毓智（1992）尝试解决这个问题，但是并不成功。石文（1992：199—200）试图解释：可以进入“动+了+名”格式的“动词‘吃、看、写、听’有一个共同的特点：在时间持续上的伸缩性很大，既可以持续相当长的时间，又可以是瞬间完成，所以这时允许‘实现点’和‘终结点’重合在一起”。石文在这里显然偷换了概念，因为“动+了+名”格式中的“了”不是“允许”表示“完成”（动作实现并且结束），而是“必须”表示“完成”，而为什么“必须”，他没有解释。这也确实难以得到解释。

7.2 新思路

沈家煊（2016，2019）的系列研究，为我们解决“了”的“单一论”问题提供了更好的思路。

7.2.1 谓语的指称性

沈家煊的“名动包含论”指出，汉语中的动词和名词都能直接做主宾语，可以归为一类，称为“大名词”，动词是“大名词”的小类，本质上是动态名词①。

汉语动词是动态名词，这是汉语动词的一个常态，即使动词在作谓语的时候，仍然是动态名词，这决定了谓语具有指称性。为了证明这一点，沈家煊（2016）首先论证了“是”“有”“在”都是动词，然后列出以下的例句：

他（是）杀了一条耕牛。

他（有）杀过一条耕牛。

他（在）杀着一条耕牛呢。

并指出：“这三个句子，‘是、有、在’可以不出现，但是在强调的时候就可以出现。”也就是说，这三个动词不出现的时候，它们后面的部分是句子的谓语，指称性不明显，出现的时候，谓语的指称性就变得明显了。就“了”而言，不仅动词“杀”作主宾语的时候是指称性成分，“杀”后面跟着“了”作谓语的时候，仍然是指称性成分，只是前面的动词“是”或隐或现的不同情况下，这种指称性的明显程度不同而已。

---

① Larson（2009）就是这样认为并加以论证的。

7.2.2　流水句的断连性

赵元任（1968：50）指出，汉语里主语和谓语齐全的整句是由一问一答两个零句（minor sentence）组成的。所谓零句，就是主谓不齐全的句子。汉语里零句是根本。吕叔湘（1979：27）指出，“用小句而不用句子做基本单位，较能适应汉语的情况，因为汉语口语里特多流水句，一个小句接一个小句，很多地方可断可连。”吕叔湘说的“小句”，就是赵元任的“零句”。他们指出的是汉语语法的大格局。

正如赵元任（1968）所指出的，流水句的“断连性”，要从对话中一问一答的接续来考察。沈家煊（2019：147—148）通过例句“丽丽买了一对玉镯”的不同分析来说明这个原理。因为存在着多种可能的问答方式，相应的流水句也就有多种可能的断连方式，其中断为两段的情形有三种：

甲　丽丽呢？

乙　买了一对玉镯。

→丽丽，买了一对玉镯。

甲　丽丽买了？

乙　一对玉镯。

→丽丽买了，一对玉镯。

甲　丽丽买了一对？

乙　玉镯。

→丽丽买了一对，玉镯。

其中两种是字数不等的“偏对”，一个是字数相等的“正对”。还可以分析为三段、四段的结构。在汉语母语者看来，“正对”的“丽丽买了，一对玉镯”的分析，比偏对的“丽丽，买了一对玉镯”，是更为自然的分析，虽然后者在印欧语语法的眼光看来，是经典的“主语—谓语”结构。正对的分析，“丽丽买了”是话题，“一对玉镯”是说明。

7.3　新的分析：话题“了”和说明“了”

上文说过，汉语基本的句子构架是流水句，实际上是把一问一答连起来组成句子。一般认为“吃了饭”是不完整的句子，研究者会在前面打上星号，但是星号在英语例句中理解为不合语法。那么，不完整就是不合语法吗？这显然是不合适的，因为不完整的句子可以用来回答问题，而不合语法的句子却不能：

甲 你早上干了什么?

乙 吃了饭。

汉语的“句子”实际上是“用句”(utterance),完整与否是个语用问题。在问答语境中,回答问题的“吃了饭”是完句,完的是用句。(沈家煊 2019:32—33)这个完句的“吃了饭”,就可以像正常的整句那样,看作是一问一答:

—吃了?

—饭。

可见“吃了饭”中的“吃了”其实是话题,宾语“饭”其实是说明(沈家煊 2016)。也就是说,下面的例子中,“吃了”都是一样的话题或话题的一部分:

吃了总比没吃强。

吃了饭不饿。

我们把出现在话题中的“了”叫作“话题‘了’”。读者可能会感到疑惑,“吃了饭”不明明是动宾关系吗?怎么变成了话题—说明关系?陆志韦(1963/2003:457

注①）举过“我们先读论语孟子”的例子，指出，如果先肯定了主谓结构，就会把第一刀砍在“们”的后面；如果先肯定了动宾结构，就会把第一刀砍在“读”的后面。这就说明，语法结构的分析方法本身就不是说一不二的。合理的方法是应该按照语言本身的结构特点来做分析。对汉语来说，就是要破除印欧语主谓结构的成见。如果按照第二种分析，“我们先读”就是话题，“论语孟子”就是说明，正如我们所分析的，“吃了”是话题，“饭”是说明。沈家煊（2019：164—173）在“动补短语是指语对”一节中指出，论证宾语也是补语，所以动补短语也是“指语对”。也就是说，谓语和宾语是一对指称语，所以动宾关系根本上是并置关系，也就自然推导出，两者是话题—说明关系。

我们知道，汉语有一个特点，主语①一般是有定的（definite），宾语一般是无定的（indefinite），所以“客人来了”中的“客人”一般有确定的指称对象，是个体或者确定的个体集合；“来客人了”中的“客人”则没有确定的指称（周韧 2020）。既然名词是这样，那么动态名词应该也是这样。

---

① 汉语的主语，本质上是话题，参见本系列宋文辉《主语与话题》（2018）。

普通名词指实体，那么动态名词指的是什么呢？当然是动态。有定的普通名词，指的是具体的个体或者某个确定的小集合，那么有定的动态名词指的是什么呢?有定的本质，是具体，是可以识别。如果“吃了饭”中的话题“了”表将然，虽然事件的条件已经具备，可以看作进入实现“吃”的状态，但毕竟仍处于展望阶段，不是具体的“吃”的实现，可识别性弱，所以不是有定的“吃了”。如果话题“了”表起始，“吃”刚刚开始，事件还没有展开，具体的程度不够，识别性也不强，因此也不是有定的“吃了”。如果话题“了”表进行，刻画正处于“吃”的状态，是对事件时间结构内部的刻画，而不是整体，是无界的情状，显然完整度不够，也就是不够具体，可识别性弱，因此也不是有定的“吃了”。只有在起点之后，有了最低程度实现的段状的、表已然（完成）的“吃了”才完整、具体，识别度才充分，是真正有定的“吃了”。可见，“吃了饭”中的“吃了”只表已然（完成），不只是话题“了”的贡献，也包括“吃了”所处的话题位置赋予它的有定性。

简单地说，在问答语境中完句的“吃了饭”，可以看作“吃了”和“饭”的并置形成的零句。由于流水句的特点是可断可连，“吃了”后面可以不连着“饭”，这个时候的“吃了”就不再是话题，而是说明，其中的

“了”可以称为说明“了”，其实就是“$了_2$”。

也就是说，“$了_1$”可以看作是“吃了”之后加上作为说明的“饭”而形成的。这个“连”的操作，使得说明“了”（“$了_2$”）变成了话题“了”（“$了_1$”）。之所以“$了_2$”表达的实现意义比“$了_1$”丰富，就是因为“$了_1$”由“$了_2$”改变结构位置后生成，使得“$了_2$”原有的实现意义被话题的有定要求限制，而窄化为已然（完成）这一种。

7.4 历史语言学和儿童语言获得的旁证

对“了”的历史语言学研究中，吴福祥（1996）就认为“动+了+宾”这个典型的“$了_1$”结构，就是“了”已经虚化的“动+了”后面加上宾语而构成的。虽然没有直接的事实证据，但是这种发生学的可能途径仍然是存在的。而且，成熟稳定的“$了_1$”和“$了_2$”出现的时期大致都在同一时期的宋代，这和通过话语机制由“$了_2$”句形成“$了_1$”句的生成特点相吻合。

儿童语言获得的研究（彭鹭鹭 2016）也表明，“$了_2$”的获得明显早于“$了_1$”的产生，一方面“$了_2$”句结构简单，只需要是二字句即可（如“笑了”“倒了”），而能够确认的“$了_1$”句则至少是三字句（如

“吃了饭”“碰了头”），结构包含话题和说明两部分，也更为复杂。这个事实也暗示，历史上“$了_2$”的出现也早于“$了_1$”，这就为由“$了_2$”句产生“$了_1$”句提供了条件。

以上的分析说明了，为什么“$了_1$”和“$了_2$”本质上是同一个成分，只是所处位置不同，意义才有所不同，确实是同一个实体在不同位置的运用。它们共同的一点，就是都用来强调“存现”，而其中“存”是基本义。

8 方法论的反思

8.1 “现象学”方法

本书对现代汉语中“了”的研究，采用“现象学”方法，即尽可能少地使用语言学理论既有的理论框架（即现象学创始人、哲学家胡塞尔所说的“悬置”），直接面对语言事实本身。采用这种方法，源自一种直觉：之所以“了”的问题研究不清楚，是因为一直以来学界过多地依赖西方的语言学理论框架，比如时体系统和类型学，把原本简单的问题搞复杂了。

吕叔湘（2002）说过：“要大破特破。……要把‘词’、‘动词’、‘形容词’、‘主语’、‘宾语’等等暂时抛弃。可能以后还要捡起来，但这一抛一捡之间就有了变化，赋与这些名词术语的意义和价值就有所不同，对于原来不敢触动的一些条条框框就敢于动它一动了。”吕叔湘说的“暂且抛弃”，就是胡塞尔说的“悬置”。现象学方法就是贯彻吕叔湘“大破特破”的倡议。

8.2 要重视综合

现在的语言学研究，有一种倾向，往往重视分析的精密细致，不注意在更高的层面上做出综合。要认识到，科学研究的根本目的，是要对事物形成一种整体的认识，而这就必须在精密分析的基础上做出综合，形成一种“综观”。有了综观，分析的工作才更有成效。本书的研究就是这样一种尝试，力图透过“了”看似纷繁复杂的语言现象，找到背后根本的统一的句法语义。这种思路可以帮助我们在对外汉语教学、计算语言学等领域更有成效地分析和解决问题。

现代语言学的引进，使得汉语的精细研究成为可能。但是语言学的“西学”特质，也不可避免地在理论范畴和理论框架上带有浓厚的印欧语研究眼光。这种眼光，在帮助汉语言学发展的同时，也束缚了汉语语法理论的发展，导致学界一直没能发展出能够全面统摄汉语语言事实的理论。为了更好地做出科学的综合，从语法范畴和语法框架的层面上努力摆脱印欧语眼光，是非常重要的。

参考文献

曹道根、许凌春，2017，“真”无时态语言研究。《当代语言学》第1期，第93—121页。

曹道根、许凌春，2019，汉语是一种“（半）时态语言”吗?《当代语言学》第3期，第451—465页。

曹广顺，1995，《近代汉语助词》北京：语文出版社。

陈国华，2013，语气、语式、态与宣意元素。《当代语言学》第1期，第20—34页。

陈前瑞，2005，句尾“了”将来时间用法的发展。《语言教学与研究》第1期，第66—73页。

陈前瑞、胡亚，2016，词尾和句尾“了”的多功能模式。《语言教学与研究》第4期，第66—74页。

陈振宇，2007，《时间系统的认知模型与运算》。上海：学林出版社。

戴耀晶，1997，《现代汉语时体系统研究》杭州：浙江教育出版社。

戴耀晶，2004，汉语的时体系统和完成体“了”的语义分析。见竟成主编，《汉语时体系统国际研讨会论文集》上海：百家出版社。

方　梅，1994，北京话句中语气词的功能研究。《中国语文》

第 2 期，第 129—138 页。

房玉清，1980，从外国学生的病句看现代汉语的动态范畴。《语言教学与研究》第 3 期。

高名凯，1948/1986，《汉语语法论》北京：商务印书馆。

贺阳，1992，试论汉语书面语的语气系统。《中国人民大学学报》第 5 期。

胡明扬，1981，北京话的语气助词和叹词（上、下）。《中国语文》第 5 期，第 347—350 页；第 6 期，第 461—423 页。

金立鑫，1998，试论“了”的时体特征。《语言教学与研究》第 1 期，第 105—119 页。

金立鑫，2002，词尾“了”的时体意义及其句法条件。《世界汉语教学》第 1 期，第 34—43 页。

克里斯特尔（Crystal，David）著，沈家煊译，2000，《现代语言学辞典》。北京：商务印书馆。原著：1997. *A Dictionary of Linguistics and Phonetics*, 4th edition.

黎锦熙，1924/1998，《新著国语文法》北京：商务印书馆。

李大忠，1996，《外国人学汉语语法偏误分析》。北京：北京语言文化大学出版社。

李讷等（Li，Charles, S. A. Thompson, and R. M. Thompson）著，徐赳赳译，1994，已然体的话语理据：汉语助词“了”。见戴浩一、薛凤生主编，《功能主义与汉语语法》。北京：北京语言学院出版社。第 117—138 页。原著：1982. The discourse motivation for the perfect aspect: The Mandarin particle *le*. In Paul J. Hopper, ed., *Tense-Aspect: Between Semantics and Pragmatics.* Amsterdam: John Benjamins.

李铁根，1999，《现代汉语时制研究》。沈阳：辽宁大学出版社。

林若望，2017，再论词尾“了”的时体意义。《中国语文》第1期，第3—21页。

林裕文，1959，谈时态助词“了”。《语文知识》第11期。

林　璋，2004，“$了_1$”从完整体标记到时标记。见竟成主编，《汉语时体系统国际研讨会论文集》上海：百家出版社。第86—102页。

刘勋宁，1988，现代汉语词尾“了”的语法意义。《中国语文》第5期，第321—330页。

刘勋宁，2002，现代汉语句尾“了”的语法意义及其解说。《世界汉语教学》第3期，第70—79页。

刘勋宁，2019，《现代汉语时态标记“了”的研究》。东京：日本侨报社。

刘月华，1988，动态助词“$过_2$”“$过_1$”“$了_1$”用法比较。《语文研究》第1期。

刘月华、潘文娱、故韡，1983，《实用现代汉语语法》北京：外语教学与研究出版社。

陆志韦，1963/2003，从“谓语结构”的主语谈起。《陆志韦集》。北京：中国社会科学出版社。第454—470页。

吕叔湘，1942/1982，《中国文法要略》，见《吕叔湘全集》第一卷。沈阳：辽宁教育出版社。

吕叔湘，1979，《汉语语法分析问题》。北京：商务印书馆。

吕叔湘，1981/1999，《现代汉语八百词》（增订本）。北京：商务印书馆。

吕叔湘，2002，语法研究中的破与立。《吕叔湘全集》第十三卷。北京：商务印书馆。第402—404页。

马希文，1983，关于动词“了”的弱化形式/.lou/，《中国语言学报》第1期。

帕丽达、阿依努尔，2001，从民族学生学习汉语易出现的语病看动态助词“了”的用法。《伊犁教育学院学报》第3期，第49—50页。

彭鹭鹭，2016，儿童句法结构的获得。中国社会科学院研究生院博士学位论文。

齐沪扬，2002，《语气词与语气系统》安徽：安徽教育出版社。

容新，1997，普通话中助词“了”所表达的时间范围及时态。《中国语言学论丛》第一辑，北京：北京语言文化大学出版社。第49—64页。

沈家煊，2003，复句三域“行、知、言”。《中国语文》第3期，第195—204页。

沈家煊，2016，《名词和动词》。北京：商务印书馆。

沈家煊，2019，《超越主谓结构》。北京：商务印书馆。

石定栩、胡建华，2006，“了$_2$”的句法语义地位。见中国语文杂志社编《语法研究与探索（十三）》北京：商务印书馆。第1—13页。

石毓智，1992，论现代汉语的“体”范畴。《中国社会科学》第6期，第183—201页。

石毓智，2000，《语法的认知语义基础》南昌：江西教育出版社。

宋绍年、李晓琪，2000，汉语动态助词“了”研究的回顾与前瞻。见陆俭明主编《面临新世纪挑战的现代汉语语法研究》济南：山东教育出版社。

宋文辉，2018，《主语和话题》。上海：学林出版社。

王冬梅，2014，从“是”和“的”、“有”和“了”看肯定和叙述。《中国语文》第1期，第22—34页。

王　还，1990，再谈现代汉语词尾“了”的语法意义。《中国语文》第3期，第180—181页。

王景玉，2005，情状类型和句法结构对日本留学生习得汉语体标记“了”的影响。北京语言大学硕士学位论文。

王　力，1943—1944/1985，《中国现代语法》北京：商务印书馆。

王了一（王力），1957，《汉语语法纲要》上海：新知识出版社。

王　伟，2006，现代汉语“了”的句法语义定位。中国社会科学院研究生院博士学位论文。

王　伟、沈家煊，2011，汉语为什么没有真正的谓语——名动的“指称/述谓”不对称。第三届两岸三地现代汉语句法语义小型研讨会（北京）论文。

王维贤，1997，“了”字补议。见《现代汉语语法理论研究》。北京：语文出版社。第171—187页。又见《语法研究与探索》（五）。北京：商务印书馆。

吴福祥，1996，《敦煌变文语法研究》。长沙：岳麓书社。

肖治野、沈家煊，2009，“了2”的行、知、言三域。《中国语文》第6期，第518—527页。

玄美兰，2004，日本学生汉语“了”字句习得偏误分析。延边大学硕士学位论文。

雅洪托夫，1957，评王了一《汉语语法纲要》。见王了一，《汉语语法纲要》附录。上海：新知识出版社。

雅洪托夫著，陈孔伦译，1959，《汉语的动词范畴》。北京：商务印书馆。

余又兰，2000，汉语“了”的习得及其中介语调查与分析。《第六届国际汉语教学讨论会论文选》北京：北京大学出版社。

第244—256页。

张济卿，1996，汉语并非没有时制语法范畴——谈时、体研究中的几个问题。《语文研究》第4期。

张　秀，1957，汉语动词的"体"和"时制"系统。见《中国语文》杂志社编，《语法论集》第一集。北京：中华书局。

张谊生，2000，《现代汉语虚词》上海：华东师范大学出版社。

赵立江，1997，留学生"了"的习得过程考察与分析。《语言教学与研究》第2期，第112—124页。

赵世开、沈家煊，1984，汉语"了"字跟英语相应的说法。《语言研究》第1期，第114—126页。

赵元任（Chao, Yuen Ren）著，吕叔湘译，1979，《汉语口语语法》（节译本）。北京：商务印书馆。原著：1968. *A Grammar of Spoken Chinese*. Berkeley/Los Angeles: University of California Press.

周　韧，2020，什么样的"客人"来了？《语言教学与研究》第2期，第51—64页。

朱德熙，1982，《语法讲义》北京：商务印书馆。

Arin, M. Ljungqvist. 2003. Aspect, tense and mood: Context dependency and the marker *le* in Mandarin Chinese. Ph. D. diss., Lund University, Sweden.

Bhat, D. N. Shankara. 1999. *The Prominence of Tense, Aspect and Mood*. Amsterdam: John Benjamins.

Binnick, Robert I. 1991. *Time and the Verb: A Guide to Tense and Aspect*. Oxford: Oxford University Press.

Bybee, Joan, Revere Perkins, and William Pagliuca. 1994. *The Evolution of Grammar-Tense, Aspect and Modality in the Languages of the World*. Chicago: The University of Chicago Press.

Chao, Yuen Ren. 1968. *A Grammar of Spoken Chinese*. Berkeley and Los Angeles: University of California Press.

Comrie, Bernard. 1976. *Aspect*. Cambridge: Cambridge University Press.

Crystal, David. 1997. *A Dictionary of Linguistics and Phonetics*. 中译本：沈家煊译，2000，《现代语言学辞典》。北京：商务印书馆。

Klein, Wolfgang. 1992. The present perfect puzzle. *Language* 68, 3: 525 – 552.

Klein, Wolfgang. 1994. *Time in Language*. London: Routledge.

Larson, Richard. 2009. Chinese as a reverse Ezafe language. *Essays on Linguistics* 39, 123 – 156. Beijing: The Commercial Press.

Li, Charles N.（李讷）and SandraA. Thompson（汤仙笛）. 1981. *Mandarin Chinese: A Functional Reference Grammar*. Los Angeles: University of California Press.

Lipka, Leonard. 1982. Causatives and inchoatives in English and their treatment in recent lexicographic practice. *Studia Anglica Posnaniensia* 14, 3 – 16.

Palmer, Frank R. 1986. *Mood and Modality*. Cambridge: Cambridge University Press.

Pan, Haihua（潘海华）and Peppina P.-L. Lee（李宝伦）. 2004. The role of pragmatics in interpreting the Chinese perfective markers *-guo* and *-le*. *Journal of Pragmatics* 36, 441 – 66.

Quirk, Randolf, Sidney Greenbaum, Geoffrey Leech, and Jan Svartvik. 1985 /1989. *A Comprehensive Grammar of the English Language*. London: Longman.

Reichenbach, Hans. 1947. *Elements of Symbolic Logic*. New

York: Macmillan.

Shi, Ziqiang. 1990. Decomposition of perfectivity and inchoativity and the meaning of particle *le* in Mandarin Chinese. *Journal of Chinese Linguistics* 18, 1: 95 – 165.

Smith, Carlota. 1991. *The Parameter of Aspect*. Dordrecht: Kluwer Academic.

Smith, Carlota. 1997. *The Parameter of Aspect*, 2nd edition. Dordrecht: Kluwer Academic.

Sweetser, Eve E. 1990. *From Etymology to Pragmatics: Metaphorical and Cultural Aspects of Semantic Structure*. Cambridge: Cambridge University Press.

Tai, James H. (戴浩一). 1984. Verbs and times in Chinese. In D. Testen, V. Mishra, and J. Drogo, eds., *Papers from the Parasession on Lexical Semantics*. Chicago, IL: Chicago Linguistic Society. pp. 289 – 296.

Vendler, Zeno. 1967. *Linguistics in Philosophy*. Ithaca, New York: Cornell University Press.

Zhang, Lihua. 1995. *A Contrastive Study of Aspectuality in German, English and Chinese*. New York: Peter Lang.

图书在版编目(CIP)数据

说"了"/王伟著. —上海：学林出版社,2020
(语言学热点问题研究丛书/沈家煊主编)
ISBN 978-7-5486-1712-9

Ⅰ.①说… Ⅱ.①王… Ⅲ.①现代汉语—词汇—研究
Ⅳ.①H136

中国版本图书馆 CIP 数据核字(2020)第 250555 号

责任编辑 吴耀根 王莹兮
封面设计 严克勤

本项研究得到中国社会科学院学科建设"登峰战略"资助计划
句法语义重点学科项目资助

语言学热点问题研究丛书
说"了"
王 伟 著

出 版 学林出版社
(200001 上海福建中路 193 号)
发 行 上海人民出版社发行中心
(200001 上海福建中路 193 号)
印 刷 上海商务联西印刷有限公司
开 本 787×1092 1/32
印 张 3.5
字 数 40 千字
版 次 2021 年 1 月第 1 版
印 次 2021 年 1 月第 1 次印刷
ISBN 978-7-5486-1712-9/H·140
定 价 28.00 元